¡Ssssssshhhhhhhhhhh!

Haz del teatro algo íntimo

Llévalo siempre en el bolsillo

Cubierta y diseño editorial: Éride, Diseño Gráfico
Dirección editorial: ángel jiménez

Primera edición: diciembre, 2024

Desde mi celda / Cita a las nueve
© José Luis González Subías
© VdB, 2024
Espronceda, 5
28003 Madrid

VdB

ISBN: 978-84-19850-91-1
Depósito Legal: M-27419-2024
Diseño y preimpresión: Éride, Diseño Gráfico

Este libro protege el entorno

desde mi celda

✧

cita a las nueve

José Luis González Subías
(Madrid, 1964)

Catedrático de Lengua y Literatura, escritor e investigador. Titulado superior en Arte Dramático por la RESAD, licenciado y doctor en Filología Hispánica por la Universidad Complutense de Madrid, en la actualidad es un reconocido estudioso del teatro español. Académico de las Artes Escénicas de España, miembro de la Sociedad de Literatura Española del Siglo XIX, de la Asociación de Hispanistas «Siglo diecinueve» y de la Asociación Internacional de Teatro del Siglo XXI, ha participado en decenas de congresos y publicado numerosos artículos y libros dedicados al teatro decimonónico y al arte de la escena en general. Es autor de *La última bambalina*, blog teatral de referencia, dedicado a comentar y analizar las representaciones teatrales efectuadas en Madrid.

Especialista en teatro decimonónico español, con especial atención al período romántico, José Luis González Subías lleva casi treinta años dedicado al estudio y divulgación de esta gran parcela de nuestro patrimonio teatral aún hoy desconocida en muchos aspectos y absolutamente desaparecida de la cartelera teatral contemporánea. Decenas de intervenciones en congresos nacionales e internacionales, estudios monográficos y ediciones de textos, y medio centenar de publicaciones en revistas y obras colectivas, avalan la solvente trayectoria de un investigador cuyo interés por el teatro se extiende a todas las épocas y en los últimos años ha ampliado su horizonte de estudio a la dramaturgia española más actual, como muestran algunos de sus últimos libros: *Literatura y escena. Una historia del teatro español*; *Los «clásicos» de los siglos XVIII y XIX en la escena española contemporánea*; *La dramaturgia española durante el franquismo*.

JOSÉ LUIS GONZÁLEZ SUBÍAS

desde mi celda

Fantasía dramática en cuatro sueños
y una circunstancia

A partir de textos
de Gustavo Adolfo Bécquer

Esta obra se estrenó en La Sala (Madrid), el 9 de octubre de 2022
interpretada por Carmen Latorre (EL HOMBRE, EL SER, MANRIQUE),
Joaquín Menéndez (MUJER-PLAÑIDERA 3, CAZADOR 2, CRIADO),
Alicia Somalo (MUJER-PLAÑIDERA 2)
y Ana Belén del Valle (MUJER-PLAÑIDERA 1, CAZADOR 1);
con la colaboración especial de Daniel Migueláñez (EL POETA).

Dirección: Carmen Latorre.

Desde mi celda

Siempre tuve una especial conexión con Gustavo Adolfo Bécquer. Mi primer contacto con la poesía, casi diría con la literatura, se debió, sin haber superado aún la adolescencia, a la lectura de sus *Rimas y leyendas*, que me descubrieron un mundo que, de algún modo, existía ya en mí sin saber llegado aún a haberle dado forma. La casualidad quiso que mis cumpleaños coincidieran con el día del año en que aquel cumplía los suyos, lo que hizo que recordara siempre con facilidad la fecha de su nacimiento y me hizo sentir todavía una mayor conexión con ese lejano poeta del que me separaba todo un siglo, pero cuyos anhelos, inquietudes, sensibilidad y estilo siempre me fascinaron y percibía muy cerca.

Aún no sé bien qué me empujó a escribir este texto, inspirado en la figura y las palabras del autor sevillano. La idea rondaba hacía tiempo en mi cabeza. Un reto, una palabra dada, un impulso, se convirtieron en compromiso adquirido, y la idea cobró forma en la soledad de un confinamiento que coincidió —de nuevo la casualidad causal que me unió siempre a Bécquer— con el año en que se cumplía el ciento cincuenta aniversario de la muerte del escritor.

Las cartas escritas por Bécquer desde su celda del monasterio de Veruela inspiraron las mías propias, que, fundidas con las del poeta, desplegaron su propio vuelo. La voz poética del autor romántico —y algún otro poeta invitado— se halla permanentemente presente en un texto que, de algún modo construido entre ambos, ahonda en el misterio, la búsqueda del ideal y el sentido de una existencia que mantiene un difícil equilibrio entre la realidad y los sueños, entre la vida y la muerte.

JLGS

Nota del autor

Es esta una obra de alto contenido plástico y sensorial. El elemento estético juega en ella un importante papel, por lo que habrá de cuidarse sobremanera estos aspectos en su puesta en escena. Sin ser un espectáculo de teatro danza, la destacada presencia de esta, junto con la expresión corporal, acerca en muchos momentos la pieza a esta modalidad escénica. Sin embargo, *Desde mi celda* es una obra decididamente textual, impregnada de literatura, cuyo sentido último reside en la palabra y el pensamiento, y en la que los intérpretes, además de dominar el arte de la danza, deberán ser actores; especialmente el protagonista absoluto de este monólogo polifónico, que deberá poseer todas las cualidades de los grandes actores —o actrices— dramáticos.

Nos hallamos ante una creación dramática original, inspirada en textos becquerianos —a veces decididamente explícitos; otras, no tanto— e impregnada de romanticismo, simbolismo, misticismo y reflexiones existenciales, cuya intención literaria juega con la intertextualidad y la metaliterariedad libremente, en un guiño permanente al lector-espectador, al que se invita a entrar en un mundo que probablemente sienta reconocer y, sin embargo, le resulte al mismo tiempo nuevo, misterioso y desconocido.

Personajes

EL HOMBRE
EL POETA   Voz en off
EL SER
MANRIQUE
MUJER-PLAÑIDERA 1
MUJER-PLAÑIDERA 2
MUJER-PLAÑIDERA 3
CAZADOR 1
CAZADOR 2
CRIADO

Nota. El papel de MANRIQUE debe ser realizado por el mismo actor que interprete al HOMBRE y al SER. Para la puesta en escena de este texto, podría reducirse el número de intérpretes haciendo que una de las actrices representara el papel de uno de los cazadores. Incluso la MUJER-PLAÑIDERA 3 podría ser interpretada por un hombre, lo que daría a este personaje un aire de indefinición sexual muy sugerente. De este modo, en caso de ser necesario, la pieza podría ser montada tan solo con dos actores y dos actrices; o con las combinaciones que el director de escena considere posibles y pertinentes.

Sueño primero

*Nos encontramos en lo que parece ser una sala
o habitación sin límites precisos ni definidos. La
oscuridad domina la mayor parte de ella. En el
lateral derecho del escenario, a la izquierda del
espectador,* EL HOMBRE, *sentado en una tradi-
cional butaca de orejas, de color marrón oscuro, enfundado en un batín que recuerda lejanos
tiempos de aristocrático confort burgués, tiende
la mirada perdida al vacío, abstraído en sus pensamientos. A su espalda se adivinan los estantes
de una biblioteca repleta de libros. Hay también
un perchero donde reposan una chistera y una
levita. Sobre una pequeña mesa redonda, frente
al personaje, se observa una taza de café, un par
de libros antiguos y un reloj de arena. Se oye el
latido del viento.*

EL HOMBRE   Hoy, que todos los grandes centros de pobla-
ción se parecen, apenas se percibe el aisla-
miento en que nos encontramos… La melan-
cólica belleza y el silencio de este recóndito
lugar, tan parecido a todos y sin embargo tan
mío, tan propio, tan irreal para otros como los
sueños ajenos lo son para mí, agrada y sobre-
coge a la vez. Apenas reconozco objetos y sen-
saciones familiares a mi alrededor. La hume-
ante taza de café que sostengo en las manos,

el susurro de unos libros acompañando mis horas de insomnio, a veces consumido por la fiebre; y ese permanente gemido de un viento que golpea con fuerza las confusas paredes de este recinto en el que me encuentro confinado... recluido... enclaustrado. En este lugar y a esta distancia, me parece imposible que pueda existir aún, ahí fuera, ese mundo del que un día formé parte... Aquí todo parece conspirar a algún fin desconocido... *(Comienzan a insinuarse efectos de un sonido y unas luces envolventes e inquietantes.)* La imaginación, la soledad, hacen que mis palabras suenen de otro modo y me resulten extrañas... *(El eco repite estas últimas y se añade, al efecto sonoro ya existente, el latido de un viento que no ha dejado de escucharse a ratos.)* A veces, un suspiro nacido de entre la oscuridad que me observa, semejante al tenue rumor del último aliento, al aullido lejano de un desesperado, pone mis sentidos alerta... Siento que seres ocultos tras esas sombras me vigilan amenazantes... Y soy incapaz de moverme. *(Al cabo de unos instantes, cesan de golpe todos los sonidos.)* De pronto, todo pasa. *(Enciende con lentitud un cigarro, aspira con fuerza y expulsa una larga bocanada de humo que queda suspendida en el aire.)* Apuro mi café, y mientras miro danzar las llamas violadas, rojas y amarillas a través del humo de un cigarro, que se extiende hasta mis ojos como una gasa azul, regresa la calma. *(Vuelve a sonar el viento en la lejanía, como al comienzo del acto.)* Lo que se piensa y se siente aquí, en la profunda quietud y el melancólico recogimiento de este lugar, ¿tendrá un eco fuera de estos muros invisibles? ¿Habrá otros lugares como este que contengan más voces silenciosas como la mía, distintas conciencias que se pregunten por su existencia y la de otros?... ¿Existencia sin otros? El oxímoron perfecto. ¿Acaso no es la soledad una muerte en estado de permanente vigilia? (*Levantándose de su asiento. Da unos breves pasos por la estancia y se desata el batín.*) Lo cierto es que, aun así, me siento cómodo y protegido en este reducido espacio. Siento una armonía confusa proveniente de algún lugar extraño y desconocido (*Comienza a sonar una agradable melodía, lejana, infinita, celestial.*), a cuyo compás, vago y suave, se ordenan las ideas y se mueven con lentitud en una danza cadenciosa... (*Se suman las luces acompasadas y envolventes, titilantes, a esa danza a la que el personaje se ha entregado, embriagado, acunado en los brazos de una beatitud desconocida.*) Parece una armonía que a la vez baja del cielo y se alza de la tierra, y se confunde y flota en el espacio... Todo pasa, todo acaba... la política, las luchas ardientes, las miserias humanas, las pasiones, las contrariedades, los deseos... todo se agota ante esta música divina. Mi alma se serena, como el agua inmóvil que refleja una sonriente luna; y, recobrando la memoria, vuelve a escuchar... (*Cierra los ojos y se deja llevar por esa danza envolvente que sube de intensidad, una especie de vals divino que inunda la estancia de luz.* El Hombre *da vueltas y vueltas sobre sí mismo en un baile cuyos giros comienzan lentamente a tornarse fantasmagóricos y frenéticos. De repente, la música cesa y cesan sus movimientos. Se detiene en mitad del escenario y repara en las sombras que lo observan desde donde se halla el público. Después de un rato mirándolo fijamente, alzando la voz, se dirige a este.)* No, no os escondáis... Sé que estáis ahí, observándome de nuevo, como cada día, desde las sombras. ¿Quiénes sois? ¿Qué queréis de mí? ¿Acaso os burláis? Haría falta mucho más que cuatro paredes para contener mis alas y mi verbo... Sí, todavía puedo hablar y pensar. ¡Estoy vivo! Yo sé quién soy, sé quién fui... y sé que me sé vivo... Nada... silencio. ¿Es así como termina todo? *(Tras unos segundos se dirige con resolución, más relajado, hacia el perchero, donde cuelga el batín, del que acaba de desprenderse, mostrando bajo este el vaporoso tejido de una ampulosa camisa blanca que destaca luminosa en contraste con la oscuridad de la estancia. Después, se dirige de nuevo al público, en un tono cercano, con una confianza y familiaridad que contrastan radicalmente con el ambiente creado en escena hasta ese momento.)* No sé si a vosotros os habrá pasado algo semejante; pero a mí me ha sucedido con bastante frecuencia preocuparme con la idea de la muerte, y darle vueltas y formular deseos acerca de mi fin último; no solo de mi espíritu, sino de mi cuerpo. Con el destino de mi cuerpo es con lo que realmente he batallado y lo que ha hecho volar más veces mi fantasía. Cuando tenía catorce o quince años y mi alma estaba henchida de deseos sin nombre (*Poniéndose artificiosamente estupendo, casi riéndose de sí mismo.*), de pensamientos puros y de esa esperanza sin límite, que es la más preciada joya de la juventud, me imaginaba poeta. Soñaba una vida independiente y dichosa, como la del pájaro, que nace para cantar y confía en que Dios le procurará el sustento. También yo quería cantar... Imaginaba que algún día el mundo reconocería mi nombre... y más tarde (*Su distanciamiento irónico se torna más serio y melancólico.*), cuando la muerte pusiera fin a mis días, una cruz sobre una piedra blanca, en la que este quedara grabado, recordaría a las generaciones futuras mi existencia. (*Suena la voz en off de* El Poeta, *recitando estos versos:* «*Cuando mis pálidos restos oprima la tierra ya, sobre la olvidada fosa ¿quién vendrá a llorar?*»; *y continúa en voz alta* El Hombre, *apenas en un murmullo:*) De que pasé por el mundo... ¿quién se acordará? (*Saliendo de su ensimismamiento, vuelve a dirigirse al público.*) Así soñaba yo en aquella época. A tanto y a tan poco se limitaban entonces mis deseos... Y el paso de los años no cambió en exceso mi visión de la muerte; sí las vacuas ilusiones de una juventud tan breve e ilusoria como ridícula en su orgulloso desafío al tiempo (*Dirigiéndose al reloj que hay sobre la mesa, que toma y alza con las dos manos, contemplándolo como una reliquia.*), amparada en una vitalidad que no se juzga caduca, y unas horas que no se saben prestadas. ¡Vivir!... ¡Qué vacía se me queda ahora esa palabra! (*Acercándose a la mesa para dejar el reloj y coger en su lugar uno de los libros que reposan sobre ella.*) ¿Qué es la vida? Seguramente aceptada como es, sin exageraciones ni engaños, esta ficción no resulta tan mala como algunos... yo mismo... llegué a creer. Quizá tardé demasiado en descubrir que la única vida deseable es aquella que, lejos del ruido, no ansía satisfacer ambiciones ni deseos; tan solo alcanzar la felicidad de la planta, que cada mañana obtiene su gota de rocío y su rayo de sol sin haberlos buscado... (*Deja el libro sobre la mesa y se dirige de nuevo al cómodo refugio de su butaca.*) He aquí todo lo que ahora mismo ambiciono, ser un simple comparsa de esta inmensa comedia humana y, concluido mi papel, alejarme entre bastidores sin ser aplaudido... tampoco silbado... sin que se note mi ausencia.

(*De nuevo la voz en off, repitiendo las palabras de* El Poeta, *como en un eco...*)

EL POETA   (*Voz en off.*)
«*A la orilla de mi lecho, ¿quién se sentará?*».

(*Vuelve a escucharse el susurro del viento. Lentamente se hace el oscuro.*)

Sueño segundo

La escena se ilumina lentamente mientras suenan los primeros compases de «La muerte de Ase», de Peer Gynt. Un foco cenital situado en el centro del escenario muestra a EL SER sentado en el suelo, con las piernas cruzadas y la cabeza inclinada sobre el pecho. Está descalzo. Viste totalmente de negro, con unas mallas ceñidas que cubren y modelan su cuerpo. A medida que avanza la melodía, la luz gana en intensidad. EL SER cobra vida moviendo sus brazos como una diosa oriental o una planta trepadora que busca la luz en lo alto, hasta alcanzar la posición vertical que le permitirá desplazarse por el espacio en una danza sinuosa donde el movimiento curvo lo impregne todo. Acabada la música, situado de nuevo en el centro del escenario, bajo la luz cenital, se escuchará la voz en off de EL POETA declamando estos versos:

EL POETA   (Voz en off.)
«Cuando miro el azul horizonte
perderse a lo lejos,
al través de una gasa de polvo
dorado e inquieto,
me parece posible arrancarme
del mísero suelo
y flotar con la niebla dorada

en átomos leves
cual ella deshecho».

(*A su voz se suma* El Ser, *que recita con este ahora al unísono. Sobre el fondo del escenario se proyecta una videoescena con imágenes que acompañan y recrean sus palabras.*)

EL SER   Cuando miro de noche en el fondo
oscuro del cielo
las estrellas temblar como ardientes
pupilas de fuego,
me parece posible a do brillan
subir en un vuelo
y anegarme en su luz, y con ellas
en lumbre encendido
fundirme en un beso.
(*La voz en off, que se ha ido perdiendo, da paso únicamente a la de* El Ser, *cuyas palabras se han quedado solas.*)
En el mar de la duda en que bogo
ni aún sé lo que creo;
sin embargo, estas ansias me dicen
que yo llevo algo
divino aquí dentro.

Algo divino… ¿De qué sirve ser un dios si se está solo? Dios creó al hombre para hacerle compañía. Y del mismo modo, y por la misma causa, arrancando una costilla a su creación dio vida a un nuevo ser, semejante en atributos, y aun de superior belleza, esculpido en un molde especular y asimétrico que conmocionó la hermosura virginal de la hasta entonces aburrida Naturaleza. Esa Galatea de sinuosas y seductoras formas, esa nueva diosa corpórea a la que el hombre-poeta comenzó a adorar, fue la inspiración alada en la que el ser pudo reconocer al todo, o el deseo mortífero que lo condujo en brazos de la pasión más destructora... Pandora, Eva, Circe, Shiva, Salomé...

(Un bronco sonido de origen remoto retumba en la estancia. Repentinamente, una intensa luz rojiza lo inunda todo y una densa nube de humo se extiende con rapidez por el suelo. De entre las sombras que rodean a El Ser, *acompañada de una música hechicera y acariciante surge una figura de indudable femineidad. Sus sinuosas formas carnales, apenas protegidas por un leve atuendo que aumenta la voluptuosidad de cuanto se oculta y revela a un tiempo, invitan a abandonarse a la embriaguez del placer. Representa una diosa de la sensualidad, nacida para otorgar las delicias y tormentos cegadores del deseo. Tras dedicarle a* El Ser *y al público la más bella y provocadora de sus danzas, se ofrece en un acariciante susurro sostenido en el aire con un eco evanescente...)*

MUJER 1   Yo soy ardiente, yo soy morena,
yo soy el símbolo de la pasión,
de ansia de goces mi alma está llena:
¿A mí me buscas?

(Cesa cualquier sonido y efectos acústicos y visuales empleados hasta este momento, quedándose todo el escenario a oscuras salvo la Mujer *y* El Ser, *ambos iluminados por un foco cenital blanco.)*

El Ser   No es a ti; no. *(Se apaga el foco que ilumina a la* Mujer, *y desaparece esta de escena, quedándose solo* El Ser, *que avanza lentamente hacia el proscenio, ensimismado en sus pensamientos y dirigiéndose tanto a sí mismo como al público.)* ¡Cuántas veces he probado el dulce acíbar del deseo…, del lujo y la vanidad de quien espera alcanzar lo superfluo y caduco! Sus hechiceras formas me han arrastrado a la locura del perpetuo anhelo, del ansia insatisfecha que solo aspira a beber más cada día de un pozo sin fondo que empuja al vacío. ¡Cuántas veces me he despeñado, creyendo ascender a lo más alto, para encontrar al final de esa escala invertida el punto mismo donde empecé! Y eso es lo que he hallado al final de cada vaso, de cada palabra inquisidora; detrás del brillo cegador de unos ojos encendidos como llamas seductoras, invitándome a beberlas… evaporarse, a no verlas, de sí mismas al calor… *(Deteniendo su seriedad introspectiva, como en un aparte.)* ¿Dónde he oído yo esto antes? ¿O es que ni siquiera soy ya dueño de mis palabras? *(Volviendo a su tono anterior.)* ¿Quién juega conmigo desde lo alto?... ¿Y por qué he dicho alto? ¿Es que acaso hay un arriba y abajo, derecha o izquierda? En el lugar donde me encuentro las dimensiones y la orientación carecen de sentido. ¿Cuál es el centro del universo y en qué posición me hallo? ¿Estoy dentro o fuera de él?... (*Despojándose de nuevo de la gravedad de sus preguntas y adoptando una posición más distanciada y distendida, pero sin salirse del tono de dudosa introspección.*) No preguntaré ahora quién soy, porque esto parecería ya literatura... o un monólogo teatral, de esos que revelan el pensamiento de un personaje y adoptan una profundidad que a estas alturas de mi discurso sonaría ya a irrelevante o hueca. (*Dirigiendo su mirada hacia el rincón donde se hallaban su butaca y su librería, que han vuelto a aparecer en escena, avanza lentamente hacia su espacio natural, se detiene y, pasando revista a sus libros, mientras se pone la camisa blanca que cuelga del perchero, exclama:*) Demasiada literatura.

(*Sentándose en la butaca,* EL HOMBRE *cierra los ojos. vuelve a extenderse por el suelo una creciente y densa nube de humo que sumerge de nuevo la estancia en tinieblas. Del salón en el ángulo oscuro, silenciosa y cubierta por un velo nupcial, surge una nueva figura, cuyas nítidas formas femeninas se insinúan cinceladas por la ceñida malla de color blanco que enfunda su cuerpo. Evoluciona, iniciando una danza fantasmagórica que lo impregna todo de su esencia vaporosa, mientras, adormecidas con el bálsamo de una melodía evanescente, de nuevo suenan en off las palabras de* EL POETA.*)*

EL POETA   (*Voz en off.*)
«Cruza callada, y son sus movimientos
silenciosa armonía;
suenan sus pasos y, al sonar, recuerdan
del himno alado la cadencia rítmica.
Los ojos entreabre, aquellos ojos
tan claros como el día,
y la tierra y el cielo, cuanto abarcan,
arden con nueva luz en sus pupilas.
Ríe...
(*La risa emana, al unísono, de la sutil y fasci-
nadora figura danzante, cuyos movimientos deben hacer visibles, en todo momento, las palabras de* EL POETA.)
y su carcajada tiene notas
del agua fugitiva;
llora, y es cada lágrima un poema
de ternura infinita.
Ella tiene la luz, tiene el perfume,
el color y la línea...
(*Sobre la superficie blanca del cuerpo de la bai-
larina se proyectan imágenes abstractas que jue-
gan, revolotean y tiñen de rojos, dorados, naran-
jas, azules y añil la escena.*)
la forma, engendradora de deseos,
la expresión, fuente eterna de poesía».

(*La figura se ha ido alejando hacia un lateral
del escenario. Un foco la ilumina por completo
haciendo visible su rostro, que permanece fijo en
EL HOMBRE, a quien se dirige en actitud de en-
trega. Ha cesado por completo la música que
acompañaba la escena anterior.*)

MUJER 2   Mi frente es pálida, mis trenzas de oro,
puedo brindarte dichas sin fin;
yo de ternuras guardo un tesoro:
¿A mí me llamas?

EL HOMBRE ¡No, no es a ti!

(Se apaga la escena.)

Sueño tercero

Suenan a lo lejos trompas de caza, ladridos de perros, relinchos y galopar de monturas, con voces confusas apenas audibles que se acercan y alcanzan a oír finalmente con nitidez. Irrumpen en escena dos hombres, por sendos lados del escenario.

CAZADOR 1   ¡Manrique!... ¡Manrique!

CAZADOR 2   ¡Por aquí! ¡Vamos!...

CAZADOR 1   ¡Señor!...

CAZADOR 2   ¡Venga! ¡No os retraséis!...

CAZADOR 1   ¿Habéis visto a Manrique? ¡Manrique!...

CAZADOR 2   Déjalo, es inútil. ¡Vámonos! ¡Está ya oscureciendo y debemos regresar!

(Se alejan por donde entraron; y, con ellos, el ruido de caballos, perros y trompas que les dieron paso. Queda todo en silencio y comienza a iluminarse lentamente el escenario. Una proyección recrea sobre su fondo el claustro en ruinas de un monasterio, en el que se adivinan algunas tumbas abandonadas, quizá profanadas por el olvido. La bruma de la noche ha extendido una

nube de fría y densa humedad que hiela los huesos. MANRIQUE *surge de entre las sombras, ensimismado en sus pensamientos. Es un joven caballero, a juzgar por la nobleza que irradian su aspecto y persona. Usa botas de montar y se cubre con una larga capa oscura que pende de sus hombros.)*

MANRIQUE   Soledad... Tienes nombre de mujer. De ti nacen los hijos de la imaginación y la fantasía, de mis delirios y ensueños de poeta. Porque no les quepa duda... *(Dirigiéndose a un público que imagina.)* ¡Soy poeta! Tanto, que nunca me he detenido a encerrar mis pensamientos... y mucho menos a escribirlos. La palabra pronunciada desvanece el misterio. Yo sé qué es poesía...

EL POETA   *(Voz en off, como en un eco.)* ¿Qué es poesía?

MANRIQUE   Se encuentra en las ascuas del fuego donde habitan los espíritus de mil colores *(Como si fuera un mago o un pequeño dios, sus palabras deberán hacer surgir de la nada imágenes, proyectadas o recreadas por algún otro efecto de luz, sonido, o de cualquier otra forma.)*, en los seres misteriosos que habitan en los musgos de la fuente, en el fondo de las aguas de los ríos... y de los lagos, que exhalan lamentos y suspiros que son cantos hechos solo para el silencio... Entre los habitantes del aire y de las nubes, en lo oscuro de los bosques o en las grietas de las peñas, cuyas palabras ininteligibles no están hechas para el oído. Y en el amor… (*Asoma sobre las ruinas una hermosa luna llena que hasta entonces ha estado semioculta tras las nubes, acompañada de algunas leves y titilantes estrellas. Manrique se sienta sobre una roca y, mirándolas, les dirige sus palabras.*) Si es verdad que esos puntos de luz sean mundos; si es verdad que en ese globo de nácar que rueda sobre las nubes habitan gentes, ¿cómo serán las mujeres de esas regiones luminosas? ¿Cómo será su hermosura? ¿Cómo será su amor?… (*De repente, una luminosidad blanca flota un momento en el aire y cruza fugaz la escena, desapareciendo en la oscuridad.*) Pero ¿qué ha sido eso?… ¿Un aviso? ¿Una señal? (*Se levanta inquieto, emocionado.*) Por un momento he creído ver el reflejo luminoso de una mujer… ¡Una mujer desconocida!… ¡En este sitio!… ¡Y a estas horas! (*Con decisión.*) La seguiré. (*Desaparece por uno de los laterales del escenario. Al cabo de un rato vuelve a aparecer por el lado opuesto, buscando, tratando de seguir el rastro de la que ya siente como poseedora del secreto de ese amor imposible que siempre ha soñado. La proyección sobre el fondo de la escena ha desaparecido. Tan solo permanece la luna blanca, vigilante desde la oscuridad celeste.*) Me ha parecido verla por aquí… Sí, no tengo la menor duda. ¡Es ella! ¡Es ella, que lleva alas en los pies y huye como una sombra! (*Corre hacia el proscenio y otea en la oscuridad de la sala.*) ¡Nadie!… ¡Ah! ¡Por aquí! ¡Por aquí va!… (*Sigue *corriendo de un lado a otro, deteniéndose cada cierto tiempo para escudriñar y escuchar a su alrededor.)* ¡Silencio! *(Mirando al público. Suena un rumor de hojas y el murmullo del viento entre el follaje del bosque.)* Oigo sus pisadas sobre las hojas secas, y el crujido de su traje, que arrastra por el suelo y roza en los arbustos… *(Se agacha, se inclina hacia el suelo y busca algo, alguna señal.)* Creo que ha hablado… No hay duda, me ha hablado… El viento y las hojas me han impedido oír lo que ha dicho; pero no hay duda, va por ahí. *(Se levanta, señalando al vacío.)* ¡Va por ahí!… ¡Me ha hablado!… No reconocía su idioma; debía de ser una lengua extranjera. Pero sé que quería decirme algo. *(Torna a correr tras su desconocida amada y desaparece de nuevo por un lateral del escenario. Aumenta el volumen de los sonidos del bosque y de un viento que parece querer borrar las huellas que busca* MANRIQUE, *que una vez más aparece por el lado opuesto de la escena.)* Se burla de mí; está claro. ¡Juega conmigo! Pero sé que ha pasado por aquí. Percibo el aroma que desprende; un perfume especial, hecho del barniz con que brillan las estrellas… ¡Un momento! *(Se dirige al centro del escenario y observa a lo lejos.)* En aquella barca que cruza el río hacia la otra orilla… ¡Es ella! ¡Se dirige a la ciudad! No puedo perderla. ¡Debo alcanzarla antes de que se oculte para siempre en sus calles! *(*MANRIQUE *desciende del escenario y atraviesa el patio de butacas hasta desaparecer por este. El escenario comienza a iluminarse* *tenuemente. Sobre su fondo se proyecta la imagen de una ciudad medieval. Podría tratarse de la silueta de Toledo. El silencio y la oscuridad apenas son rotos por el lejano ladrido de un perro, por el relincho de un corcel que, al moverse, hace sonar las cadenas que lo sujetan en las caballerizas, y algunas luces aisladas y tenues que iluminan con dificultad las calles.* MANRIQUE *entra de nuevo en escena, surgiendo de entre bambalinas.*) Sí, aquí es; no hay duda. He podido seguirla gracias al destello de sus ropas en la oscuridad de la noche y se ha ocultado en esta casa. ¿Qué misteriosa mujer es esa, que camina sola por el bosque y ejerce sobre mí tan poderoso influjo y atracción? Deseo hablarle, conocerla, saber cuál es el secreto de esa fascinación que me arrastra y empuja sin control hacia ella... Un momento... Un hombre acaba de abrir la puerta de su refugio. La luz de su alcoba se mantiene desde entonces encendida... ¡Eh! ¡Buen hombre!...

CRIADO   Dígame, señor. ¿Qué se le ofrece?

MANRIQUE   ¿Quién vive en esta casa? ¿Quiénes son sus moradores? ¡Responde!

(Dándole una moneda de indudable valor, a juzgar por la reacción del criado.)

CRIADO   Mi noble señor... Esta es la casa del muy honrado don Alonso de Valdecuellos, montero mayor de nuestro rey, que reposa en esta ciudad reponiéndose de sus fatigas en la pasada guerra.

MANRIQUE Pero, ¿y su hija? (*Atajándole con impaciencia.*) ¿Y su hija, su hermana, su esposa, o lo que sea?

CRIADO No hay ninguna mujer en esta casa, señor.

MANRIQUE ¿Qué dices? ¡No mientas! (*Cogiéndole de las ropas.*) ¿Quién está entonces en ese aposento, donde brilla una luz en la ventana?

CRIADO ¿En ese aposento, dice? Ahí duerme mi señor don Alonso, que, como está enfermo, mantiene encendida su lámpara durante toda la noche.

MANRIQUE Pero, entonces... ¿Y la joven que he visto entrar esta misma noche, hace apenas unos instantes?

CRIADO Ya le he dicho que en esta casa no vive ninguna mujer. Mi señor y yo estamos solos en ella, y le aseguro que no hay nadie más dentro. Lo siento, señor. Es posible que se haya equivocado. Si me disculpa...

(MANRIQUE *se queda solo en escena, demudado, perdido, desorientado... inmensamente triste. Oscuro. Suena el preludio de la Suite n.º 1 para violonchelo de J. S. Bach. Se ilumina lentamente la escena y encontramos a* MANRIQUE *solo de nuevo, en lo que parecen ser sus aposentos privados. Viste un batín largo y elegante, y se apoya sobre la repisa de una chimenea de piedra, situada en el lateral izquierdo del escenario, en la que se aloja un confortable fuego. Al otro lado del escenario se adivinan la butaca y la librería del comienzo de la obra. La melodía se irá apagando, perdiéndose al fundirse con la voz en off de* EL POETA.)

EL POETA   (*Voz en off.*)
La vi como la imagen
que en leve ensueño pasa,
como rayo de luz tenue y difuso
que entre nieblas anda.
Me sentí de un ardiente
deseo llena el alma;
como atrae un abismo, aquel misterio
hacia sí me arrastraba.

MANRIQUE   La he de encontrar... Sé que volveré a verla. Y la reconoceré... Noche y día veo flotar delante de mis ojos aquellos pliegues de una tela diáfana y blanquísima. Noche y día suenan aquí, dentro de mi cabeza, el crujido de su traje, el confuso rumor de sus ininteligibles palabras... ¿Qué dijo? ¿Qué es lo que dijo?... ¡Ah! ¡Si pudiera saber qué quiso decirme!... He recorrido inútilmente todas las calles de la ciudad, he preguntado a las gentes... (*Comienza a dibujarla en su mente, con la imaginación, esbozando una sonrisa en su rostro, ilusionado.*) ¿Cómo serán sus ojos?... Deben de ser azules;

azules y húmedos como el cielo de la noche. *(Suena de nuevo el violonchelo de Bach, al tiempo que, de entre las sombras, surge una figura femenina caminando por el escenario como un ente emanado de la imaginación de* EL POETA.*)* Me gustan tanto los ojos de ese color...; son tan expresivos, tan melancólicos, tan... Sí, no hay duda, azules deben de ser; azules son seguramente. Y sus cabellos, negros, muy negros; y largos, para que floten... Me parece que los vi flotar así aquella noche, al igual que sus ropas blancas. No me engaño, no; eran negros. *(La mujer cruza la escena, ante la mirada de* MANRIQUE, *que la contempla recreándose en ella.)* ¡Qué bien sientan unos ojos azules, muy rasgados, y una cabellera suelta, flotante y oscura, a una mujer alta...! Sí... porque ella es alta, alta y esbelta como esos ángeles de los pórticos de las iglesias, envueltos en el misterioso crepúsculo de las sombras de los doseles donde reposan. Con un andar acompasado y majestuoso, como las cadencias de una música... *(Se oye un leve y lejano canto, armonioso, celestial.)* Al igual que su voz... Sí, una voz inconfundible, inimitable, suave como el rumor del viento en las hojas de los álamos. La mujer más hermosa que jamás haya podido soñar; que piensa como yo pienso, que gusta de lo que gusto, que odia lo que yo odio. Un espíritu hermano de mi espíritu, complemento de mi ser. Seguro que me reconocerá al verme, y sentirá como yo... *(En una repentina idea.)* ¡Acudiré de nuevo al lugar donde la vi por primera y única vez! Quizá, al igual que yo mismo, como todas las almas soñadoras, es amiga de la soledad y el misterio, y se complace en vagar entre las ruinas en el silencio de la noche... *(Se oscurece la escena. Música de canto gregoriano. Sobre el fondo del escenario vuelve a proyectarse la imagen del claustro en ruinas en que apareció por primera vez* MANRIQUE. *Es de noche de nuevo, y una intensa luna rodeada de nubes preside el cielo. Aparece este por un lateral, envuelto en su capa. Camina escudriñando alrededor, atento a cualquier sonido o movimiento. Finalmente se sienta en un peñasco y espera, sin mucha esperanza. Al poco tiempo algo sucede, y* MANRIQUE *se alza en un impulso instintivo.)* Un momento... ¿Qué es lo que acabo de ver? *(En el lateral opuesto del escenario deberá crearse un efecto lumínico de enorme belleza; un haz de luz en mitad de la oscuridad, que al poco tiempo desaparece.* MANRIQUE *se acerca lentamente.)* Por un instante he creído ver de nuevo su inconfundible vestido blanco; esa tela vaporosa y delicada que irradiaba una luz nacida de las estrellas... ¿Eres tú? ¿Dónde estás? ¿Por qué te escondes de mí?... *(Solo el silencio responde a sus palabras. Durante unos segundos,* MANRIQUE *duda de lo que ha visto. A punto está ya de rendirse cuando, de repente, ante sus ojos vuelve a producirse el mismo efecto lumínico de unos minutos antes. Se acerca de nuevo con lentitud, tiende la mano hacia la luz mientras se agacha y arrodilla; e, inesperadamente, lanza una angustiosa risa, mitad grito y mitad llanto, nacida desde lo más hondo de la desesperación y el desconsuelo.)* Un rayo…Tan solo un rayo… *(Estas palabras las emitirá en medio de dramáticas risas absurdas, en un estado de enajenación.)* ¡No era más que un rayo!… ¡Un rayo de luna! *(Oscuro total. Apenas unos segundos después, un foco cenital ilumina a* MANRIQUE, *que habla de nuevo, con voz ausente, en un eco, dirigiéndose al público.)* Canciones… mujeres… gloria… felicidad… Mentiras todo; fantasmas vanos que formamos en nuestra imaginación y vestimos a nuestro antojo, y los amamos y corremos tras de ellos… ¿Para qué?, ¿para qué?… Para encontrar un rayo de luna.

(Oscuro.)

Sueño cuarto

La escena se ilumina lentamente, mientras co-
mienza a sonar una bella y relajante música que
embriaga los sentidos. Un foco cenital sobre el
centro del escenario muestra a El Ser *, que yace*
boca abajo, en el suelo, con los brazos extendidos
en cruz. Vuelve a estar descalzo, totalmente ves-
tido de negro con las mismas mallas con que lo
vimos en un sueño anterior. Inicia con lentitud
una sinuosa y dramática danza en la que vuelca,
con su cuerpo y su gesto, las inquietudes de su
alma insatisfecha y el anhelo de alcanzar un ide-
al cuya forma no llega a percibir. Surgen en tor-
no a él tres figuras humanas, enfundadas respec-
tivamente en sendas mallas de color blanco, rojo
y violeta. El Ser *ejecutará una danza con cada*
una de ellas, que combinará con otros movimien-
tos tanto entre tres como entre todos los persona-
jes de la escena. La coreografía jugará con el leit-
motiv del permanente deseo de unión entre los
cuerpos y la imposibilidad de que lleguen a enca-
jar y fusionarse. Finalizado el baile, las figuras
se alejarán y desaparecerán de escena, dejando a
El Ser *solo bajo la luz cenital del foco.*

El Poeta   (*Voz en off.*)
           Tú, sombra aérea, que cuantas veces

voy a tocarte te desvaneces.
¡Como la llama, como el sonido,
como la niebla, como el gemido
del lago azul!»

*(Aumenta la luz del escenario. EL SER se acerca
al proscenio para dirigirse de nuevo al público.)*

EL SER   Espíritu sin nombre,
          indefinible esencia,
          yo vivo con la vida
          sin formas de la idea.
          ¡Yo, que a tus ojos, en mi agonía,
          los ojos vuelvo
          tanto de noche como de día;
          yo, que incansable corro y demente
          tras una sombra, tras la hija ardiente
          de una visión!

*(Suena una música celeste y misteriosa, y se ex-
tiende una densa nube de humo blanco por el
suelo, al tiempo que se proyecta sobre el fondo
del escenario una espiral de colores blancos que
forman un torbellino de luz de sugerentes formas. Al poco tiempo aparece y se acerca una nueva figura femenina, ataviada con un vaporoso
vestido blanco, cubierto el rostro por una más-
cara neutra, del mismo tono. Tras rodearle y aca-
riciarle ligeramente con sus dedos, se acerca hacia un lateral del escenario. Se ha hecho de nuevo el oscuro en escena y se ha silenciado la música. Toda la atención recae sobre LA MUJER y
EL SER, iluminados por sendos focos.)*

MUJER 3   *(En un eco.)*
Yo soy un sueño, un imposible,
vano fantasma de niebla y luz;
soy incorpórea, soy intangible:
no puedo amarte.

EL SER   ¡Oh, ven! ¡Ven tú! *(La imagen se desvanece en
la oscuridad.)* ¡Espera! ¡Vuelve! ¡No te vayas!
No me dejes solo… *(Arrodillándose derrotado
en el suelo, y gimiendo.)* Solo… ¡Dios mío…!
¡Qué solos se quedan los muertos!

EL POETA   *(Voz en off.)*
«¿Vuelve el polvo al polvo?
¿Vuela el alma al cielo?
¿Todo es sin espíritu
podredumbre y cieno?
¡No sé; pero hay algo
que explicar no puedo,
algo que repugna
aunque es fuerza hacerlo:
el dejar tan tristes,
tan solos, los muertos!»

(Se hace lentamente el oscuro.)

La circunstancia

*Nos hallamos en un espacio excesivamente ilu-
minado, casi cegador, a causa de la tonalidad
blanca que lo inunda todo y la intensidad de una
potente luz del mismo tono que hace refulgir los
objetos y las formas aún con mayor intensidad.
A medida que los ojos se van acostumbrando,
comienza a vislumbrarse con más nitidez el lugar donde nos encontramos, que no tardamos en
identificar con la misma estancia y situación del
inicio de la obra. Pero, en un acentuado contraste con aquel momento, la vestimenta de* EL HOM-
BRE, *al igual que la butaca en la que se sienta, la
librería que hay a su espalda, lo mismo que los
libros o el reloj de arena, son todos blancos. También es de ese color la chimenea, que ahora se
ve con más claridad en el lado opuesto de la sala.
Se oye ruido de sirenas y voces entremezcladas
y confusas, como las que se escuchan al pasar
de una emisora a otra cuando se recorre el dial
de la radio. Dispersas, inconexas, se aprecian
palabras como «muertos», «víctimas», «falleci-
dos», «aislados», «anómala situación»... Finalmente el ruido se detiene, dejándose oír un sonido de grabación antigua que reproduce «Fly
Me To The Moon», en la voz de Frank Sinatra.*
EL HOMBRE, *inundado del espíritu de La Voz, se
levanta rítmicamente de su asiento, coge la chistera y el bastón que cuelgan del perchero, del*

mismo blanco inmaculado, y se marca un elegante baile a lo Fred Astaire. Acabada su danza, se dirige al público.

EL HOMBRE ¡Qué regalada vida! ¡Qué serenidad del aire! ¡Qué hermosura y luz no usada! El son divino de esta música eleva el alma, traspasa el espacio y el tiempo, y te traslada a la fuente de donde mana la luz primera. Aquí el alma navega por un mar de dulzura *(Sacando una flor roja del interior del batín.)* y no siente temor a ningún accidente o peligro que la amenace. *(Huele la flor, la besa y la lanza hacia el público.)* ¡Oh, desmayo dichoso! ¡Oh, dulce olvido! *(Con sigilo, como guardando un secreto.)* ¡Oh secreto seguro, deleitoso! La música callada, la soledad… la soledad…

(Se quita la chistera y avanza hacia el perchero, donde volverá a colgarla junto con el bastón, mientras ha comenzado a proyectarse sobre el fondo del escenario un torbellino envolvente de luz entre rosácea y rojiza, que gira dando vueltas sobre sí, al tiempo que se percibe de nuevo el característico sonido del viento del inicio de la obra. Vuelven a escucharse, en un eco, las palabras de EL POETA.*)*

EL POETA *(Voz en off.)*
Hoy como ayer, mañana como hoy,
¡y siempre igual!

Así van deslizándose los días
unos de otros en pos,
hoy lo mismo que ayer...»

EL HOMBRE (*Sentado en la butaca. Enciende un cigarro y se deleita observando las nubes que forma el humo que exhala de su boca.*) ¿Cuánto tiempo ha pasado? Tan solo una eternidad, un segundo... y cesó todo. (*La luminosidad de la estancia ha ido bajando y las sombras en penumbra han vuelto a instalarse en torno al lugar que ocupa* EL HOMBRE, *que sigue absorto en sus pensamientos.*) Cuando lo encontraron...
cerraron sus ojos,
que aún tenía abiertos,
taparon su cara
con un blanco lienzo,
y unos sollozando,
otros en silencio,
de la triste alcoba
todos se salieron.
Ante aquel contraste
de vida y misterio,
de luz y tinieblas,
yo pensé un momento:
¡Dios mío, qué solos
se quedan los muertos!
(*Los últimos versos han sido pronunciados también, en un eco, por una mujer vestida de plañidera, que aparece en escena en ese momento, situándose en una esquina alejada entre las sombras.* EL HOMBRE *se levanta y avanza lentamente hasta el*

centro del escenario, mientras prosigue con sus
reflexiones.)
Tan medroso y triste,
tan oscuro y yerto
todo se encontraba,
que pensé un momento:
¡Dios mío, qué solos
se quedan los muertos!
(Al igual que antes, otra mujer con el mismo luc-
tuoso atuendo ha pronunciado los últimos ver-
sos, que resuenan en un eco acompañando a la
voz de El Hombre.*)*
La noche se entraba…
(Las sombras, que se han apoderado de nuevo
de la estancia, se acompañan ahora de una cre-
ciente capa de humo que añade una atmósfera
de ensueño y misterio a la escena.)
el sol se había puesto;
perdido en las sombras,
yo pensé un momento:
¡Dios mío, qué solos
se quedan los muertos!
(Sus últimas palabras han vuelto a repetirse
acompañadas por la voz de una tercera plañide-
ra de luto.)
¿Vuelve el polvo al polvo?
¿Vuela el alma al cielo?
¿Todo es sin espíritu
podredumbre y cieno?
¡No sé; pero hay algo
que explicar no puedo,
algo que repugna,
aunque es fuerza hacerlo:

el dejar tan tristes,
tan solos, los muertos!

(La escena se iluminará con cuatro focos. Uno sobre El Hombre, *que permanece mirando hacia el público, y otros tres alrededor de este, formando un semicírculo al que se acercan las tres plañideras. Cada una de ellas arrastra con su mano una silla, en la que se sentarán cuando ocupen sus respectivos espacios.)*

Sombras que me miráis y venís a verme desde el pasado. ¿Qué queréis de mí? ¿Por qué os afanáis en visitarme y en cobrar forma donde solo hay aire?

PLAÑIDERA 1   Vengo a reclamar lo que es mío, lo que me corresponde por derecho y tú me negaste.

EL HOMBRE *(Girándose hacia quien le ha hablado.)* Yo no hice nada más que seguir el impulso de mi naturaleza ardiente, de mi pasión desbocada. Me colmaste de gozos sin límites; me hiciste conocer las delicias del néctar de lo prohibido y me hiciste olvidar, adormecido entre tus brazos complacientes. Te deseé. Pero no era a ti a quien buscaba.

(Se apaga el foco de la plañidera, que queda en la penumbra.)

PLAÑIDERA 2   Yo soy la tranquilidad que necesitabas. Te acompañé al lecho bendecido por la fría castidad del himeneo, pero tus besos estaban yertos antes de que salieran de tus labios.

EL HOMBRE ¡No era eso lo que buscaba! Me diste solo el escenario admitido desde el que ocultar mi anhelo de algo distinto, otra cosa… que tú tampoco me podías ofrecer. Lo siento, no era a ti a quien buscaba. (*Se apaga el foco de la* PLAÑIDERA 2, *que queda asimismo en la penumbra.* EL HOMBRE *dirige ahora su atención a la mujer que permanece aún iluminada.*) ¿Y tú? ¿No tienes nada que decir? ¿No has venido a recordarme tus ofensas y a atormentarme con tus reproches? Habla, dime, ¿qué quieres? (*Suena a lo lejos el eco de una voz que pronuncia un nombre:* «Manrique», *y comienza a sonar la música con que se presentó en escena la mujer del último sueño.* EL HOMBRE *se arrodilla ante la* PLAÑIDERA 2, *que se levanta de su asiento y se retira pausadamente hacia el lugar por donde hizo su aparición, arrastrando su silla; al tiempo que las restantes plañideras hacen lo propio, hasta desaparecer todas de escena, envueltas por el humo que se ha extendido de nuevo en la sala.*) ¿Adónde vas? ¡Espera! ¿Quién eres? ¡Vuelve! No huyas de mí… No, no otra vez… ¿Adónde te escondiste, amada? (*El sonido del viento arrecia. Vuelven a girar las luces proyectadas sobre el fondo del escenario, como en un torbellino absorbente.*) ¡Oh, noche que me guiaste y la mostraste a mis ojos! ¡Oh, Dios! ¡Sácame de esta vida no vivida y concédeme un nuevo y no interrumpido sueño…! (*Sube en intensidad el torbellino apocalíptico que rodea a* EL HOMBRE.) ¡Detente, cierzo muerto! (*Cesan todos los efectos de luz y sonido, y se*

disipan los restos del humo que aún quedaba.)
Ya poco queda por hacer. Soy el último testigo de una época perdida. Las luces hace tiempo se apagaron. No queda nadie en escena. De lo que vale, de lo que es algo, no queda un átomo aquí.

(Se escucha la voz en off de EL POETA.*)*

EL POETA   *(Voz en off.)*
¿Adónde voy? El más sombrío y triste de los páramos cruza, valle de eternas nieves y de eternas melancólicas brumas.
En donde esté una piedra solitaria sin inscripción alguna, donde habite el olvido, allí estará mi tumba.

EL HOMBRE Donde habite el olvido... Hace tiempo que sueño y observo desde la distancia. También he aprendido a vivir así... desde mi celda, esperando una señal, un mensaje; quizá una mano de nieve que nos recuerde que una vez, algún día, estuvimos vivos.

(Comienza a sonar «My Way» en la voz de Frank Sinatra, al tiempo que cae del cielo un cálido polvo de nieve que empieza a cubrirlo todo, mientras un torbellino de luces gira sobre el escenario en un apoteósico y celeste final. Al finalizar la canción se hace el oscuro.)

43

José Luis González Subías

cita a las nueve

Espera dramática en catorce cuadros

De esta obra se hizo una lectura dramatizada en La LiVrería (Madrid),
el 20 de diciembre de 2024, por Jacobo Dicenta (MANUEL),
Ana Azorín (REMEDIOS), Ángela Peirat (PAULA) y David Zarzo (PEDRO).

Dirección: Ramón Paso.

Personajes

PEDRO   De unos cuarenta años.
MANUEL   Similar edad.
PAULA   Alrededor de treinta años.
REMEDIOS   Mujer mayor, de entre setenta y ochenta años.

Nota.
Entre los diferentes cuadros de la pieza que lo requieran, el director de escena elegirá una música de transición adecuada al clima que desee crear. Puede ser la misma siempre o ir modificándose en función del desarrollo y ritmo de la trama. Las posibilidades son muchas, dependiendo del sesgo, estética e intención que se quiera dar al montaje. La misma libertad, siempre que se conserve la idea expresada en la acotación, gozará el director en la elección de la ambientación sonora y musical del resto de la obra.

Cuadro I

La acción se inicia con el sonido de las campanadas de un reloj de pared, que marca las nueve con
la impertérrita y parsimoniosa solemnidad de la
costumbre, mientras se ilumina lentamente el espacio. Sala amueblada con distinción. Tres sofás
chéster de color negro situados en el centro del
escenario, en torno a una pequeña mesa sobre la
cual se apilan varias revistas. Algunas otras sillas o sillones repartidos por la escena, a gusto
del director; pero, en cualquier caso, dando la sensación de hallarnos en un lugar donde reina el
orden, la pulcritud, la limpieza y la seriedad. El
conjunto es acogedor y cálido. Lo mismo podríamos hallarnos en la sala de espera de la consulta de un prestigioso doctor que en un elegante
club social destinado a una selecta clientela de
tiempos pasados. Y es que, efectivamente, hay
en el ambiente un no sé qué de escena pretérita, propiciada tanto por el estilo de los muebles,
la mortecina luz emanada de las lámparas de pie
y de otras situadas estratégicamente en algunos
veladores, como por las enormes estanterías repletas de libros que rodean la mayor parte de la
estancia. Al fondo del escenario, un antiguo y
enorme reloj de pared preside la sala. Sus manillas marcan las nueve. PEDRO se halla sentado en
el sofá central, hojeando una revista. Viste de traje oscuro y camisa blanca, y el fijador aplicado

a su pelo le da un aire de estirado encorsetamiento. De vez en cuando, se observa el impecable acabado de las uñas y se coloca los puños de la camisa que asoman bajo el traje. Al cabo de un rato, alza los ojos de su improvisada lectura y los pasea por la habitación con detenimiento y curiosidad. Pasado un tiempo se levanta y recorre lentamente la escena, fijándose en cuanto le rodea. Cuando menos se espere, se abrirá una de las dos puertas que hay situadas a ambos lados del escenario, la que se encuentra a la derecha del público, por donde entrará MANUEL. *Viste también con traje; pero sus rápidos movimientos, la corbata desanudada y el pelo despeinado contrastan visiblemente con la imagen de su predecesor.*

MANUEL   ¡Hola! ¿Es aquí?

PEDRO   *(Sorprendido y regresando con rapidez hacia el lugar donde estaba sentado.)* ¡Ah, hola! Sí. Buenos días. Estaba echando un vistazo por la sala y...

MANUEL   ¿Llego a tiempo?

PEDRO   Yo... no sé. Supongo que sí. Permita que me presente. *(Extendiendo su mano.)* Me llamo...

MANUEL   *(Sin devolverle el saludo. Dándole la espalda y mirando con recelo a su alrededor.)* ¿No ha venido nadie más?

PEDRO   No. Somos los primeros… o los únicos.

MANUEL   *(Tras pasear un rato por la estancia y estudiar con la mirada el lugar donde se encuentra.)* ¿Llevas mucho tiempo esperando?

PEDRO   *(Algo molesto con la actitud del recién llegado y el tuteo.)* Bueno… *(Con seriedad.)* Llevo esperando este momento toda la vida. Una oportunidad como esta no se presenta todos los días.

MANUEL   Ya. Entiendo… Otro desesperado. *(*PEDRO *no contesta. Se sienta en uno de los sofás. Al cabo de un rato,* MANUEL *también se sienta, a una cierta distancia de aquel. Ojea unas revistas que hay sobre la mesa baja del centro de la estancia. Pasado un cierto tiempo, se dirige a* PEDRO*.)* Ejem… Disculpa.

PEDRO   Sí, dígame.

MANUEL   ¿Y a ti también te han citado a la misma hora?

PEDRO   *(De nuevo molesto con ese tuteo no compartido.)* No sé a qué hora le han citado usted. *(Remarcando el tratamiento.)* Yo estoy exactamente a la hora que me corresponde. Quizá se haya usted adelantado.

MANUEL   *(Sin dar importancia a la tajante respuesta de* PEDRO*.)* Ja, ja, ja, no creo; llego siempre tarde a los sitios. *(Guiñándole un ojo.)* Lo hago para no perder tiempo. *(Mirando de arriba abajo a* PEDRO,

lo que este percibe con manifiesta incomodidad.)
¿Y qué? ¿Algún chanchullo gordo?

PEDRO   ¿Cómo dice? *(Cada vez más molesto con la actitud del recién llegado, y desconcertado con su impertinente pregunta. Se levanta y pasea por la sala, que recorre tratando de simular tranquilidad, y se detiene frente a los muchos libros que lo observan desde una de las estanterías. Coge uno de ellos al azar y lo abre. La luz de la estancia se va apagando mientras suena una leve música de transición.)*

Cuadro II

Mismo lugar. El reloj de la pared marca las nue-
ve y cuarto.

MANUEL   Y eso es todo... No creo que eso sea para in-
comodarse, ¿no te parece? Hay gente con la piel
muy fina.

PEDRO   La verdad es que no sabría decirle...

MANUEL   Si es que no hay aguante ninguno... A nadie
le importa la vida de los demás y todo el mundo va a su aire. ¡Pero mira cómo nos ponemos
cuando nos toca a nosotros! En fin, pues así
son las cosas. En mi caso, como te he dicho,
la verdad es que no sé muy bien a qué he venido. Si estoy aquí es porque me dijeron que
viniese, nada más. Pero te aseguro que no sé
para qué. Yo tengo la conciencia muy tranqui-
la y no tengo nada que esconder... Y como tar-
den mucho en...

(Se abre la misma puerta de antes y ambos per-
sonajes se quedan absortos contemplando lo que
hay al otro lado. Tras unos segundos aparece PAU-
LA; una mujer joven, agraciada con el don de la
belleza.)

PAULA
(*Acercándose con decisión al centro de la escena.*) Hola, ¿es aquí?... ¿Llego a tiempo? (*Los ademanes y maneras de* PAULA *desprenden soltura y desparpajo. Al percibir la reacción de los dos hombres, a la que ya está acostumbrada, adopta un tono de atávica coquetería con el que marca un sutil distanciamiento vestido de arrullo sensual.*) ¿El último, por favor?

MANUEL
¡Ah, sí... hola, soy yo!

(*La joven se sienta en medio de los dos hombres, saca una cajetilla de tabaco de su mochila y coge un cigarrillo.*)

PEDRO
(*Con caballerosa amabilidad.*) Disculpe, señorita... Perdone...

PAULA
¿Sí?

PEDRO
(*Buscando las palabras para no resultar descortés.*) Me parece que no se puede fumar aquí... Creo que está prohibido.

PAULA
¿Ah, está prohibido?

MANUEL
Tiene toda la pinta.

PEDRO
Según la normativa sobre salud e higiene en los lugares cerrados...

PAULA
(*Mirando hacia otro lado con indiferencia y dirigiéndose a* MANUEL.) ¿Tienes fuego?

MANUEL   No, lo siento. He tenido que dejar todas mis cosas fuera. Me han dicho que no se podía entrar con nada que no fuera... Pero no te preocupes; si quieres fuego, yo te busco fuego donde sea...

(Con heroica actitud machirula.)

PAULA   ¡Vaya! *(Levantándose de su asiento, vuelve a guardar el cigarrillo dentro de su mochila.)* Babosa a la vista...

MANUEL   ¡Oye, sin insultar! Si te molestan las personas educadas y amables, dilo. Pídele fuego a ese, si quieres.

(También se levanta y se pone a pasear por la sala.)

Oscuro.

Cuadro III

Mismo lugar. El reloj de la pared marca las nueve y media.

MANUEL   ¡Pues a mí esto no me parece normal! Llevamos esperando un buen rato y todavía no ha entrado nadie a decir nada. Ni siquiera hay a quien se le pueda preguntar… ¿Entonces, a vosotros también os han citado aquí? ¿Y a la misma hora?

PEDRO   Pues eso parece. Pero tranquilícese y tenga paciencia. Yo llevo aún más tiempo que usted. Quizá haya ya alguien dentro, reunido. Estas cosas llevan su tiempo.

MANUEL   ¡Paciencia! Se dice pronto. Estos siempre hacen lo mismo. Esperar, esperar… Solo esperan los que necesitan algo. En cambio, hacer esperar es propio de quienes pueden ofrecer, y por tanto están o se sienten por encima. Todo depende de la necesidad que uno tenga o de lo que esté dispuesto a aguantar… ¡Paciencia! *(Moviéndose por la sala, en un estado de manifiesta irascibilidad.)* A veces la paciencia te premia; otras veces te hace sentir como el último mono.

PAULA   ¡Por favor, cállate ya! Así una no puede relajarse. ¡Qué negativo! No he visto un *casting* igual en mi vida.

(Saca su móvil de la mochila.)

MANUEL   ¿Qué *casting* ni qué…?

PEDRO   ¿Y usted por qué está aquí, señorita?

PAULA   Puedes tutearme si quieres; llevamos viviendo juntos más de veinte minutos.

(Moviendo su teléfono de un lado a otro, antes de volver a guardarlo.)

MANUEL   Sí, ya vale de estiramientos.

PAULA   Los estiramientos suelen hacerse antes y después del ejercicio.

(Con sorna.)

MANUEL   El ejercicio lo haría yo contigo si me dejaras… *(Para sí, aunque lo suficientemente alto como para que* PAULA *lo oiga. En ese momento, y antes de que esta tenga tiempo de responder, se abre de nuevo la puerta y aparece* REMEDIOS. *Es una mujer de entre setenta y ochenta años; avanza con calma y seguridad. Viste ropa alegre.)* ¡Esperen, esperen! *(*MANUEL *se dirige corriendo a la puerta, que vuelve a cerrarse antes de que tenga oportunidad de acercarse a ella.)* ¡Oigan! *(Trata de* *abrir, pero le resulta imposible. Tras infructuosos intentos, golpea con los puños la superficie de la mullida puerta acolchada, que permanece impasible a su llamada.)* ¡Oigan!... ¿Hay alguien ahí? ¡No puede abrirse la puerta!... ¡Es increíble! Encima nos tienen aquí encerrados como si fuéramos presos.

PEDRO   Siéntese aquí, señora. Pónganse cómoda. Lo mejor en estos casos es armarse de paciencia. No se sabe cuándo pueden llamarte.

REMEDIOS   Gracias, hijo. Todavía quedan caballeros. *(Mirándolo de arriba abajo.)* ¡Qué joven tan agradable y simpático! Y además es guapo…

MANUEL   Bueno, pues ya están hechas las parejas… ¡Que empiece la fiesta! *(Dirigiéndose a* PAULA, *con aire jaranero.)* ¡Venga, simpática, báilate algo conmigo!

             (Haciendo ademán de bailar con ella.)

PAULA   ¡Déjame en paz, payaso! ¿Será posible? ¿Es esto parte de la prueba o es que eres así de tonto? ¡Como vuelvas a acercarte, te arreo!

REMEDIOS   Vamos, mujer, si es solo una broma. El muchacho solo quiere divertirse… ¿No te da pena el pobrecillo? Tan joven y que haya tenido que…

PAULA   ¿Pero usted también viene al *casting*? No se moleste, pero…

REMEDIOS   ¿Cómo dice?

PAULA   Sí; no entiendo qué papel puede hacer usted aquí. Se supone...

REMEDIOS   No supongas nada, jovencita. A mí también me parece demasiado pronto, siempre lo es; pero creo que pinto aquí mucho más que vosotros, tres jóvenes con toda la vida por delante... Si no es indiscreción, ¿cómo habéis llegado hasta aquí? Y tan pronto...

PEDRO   ¡Ay, señora! El dinero es siempre una poderosa razón.

MANUEL   Y la falta de él más...

(Mirando al otro con desafío.)

PAULA   ¡Vaya grupo de pirados! ¡Ya no saben qué inventar en estos *reality shows*! Lo que hay que hacer por darse a conocer. Seguro que hay cámaras ocultas por toda la sala. *(Buscando con la mirada los puntos más apropiados para su ubicación; y, a partir de ese momento, durante el resto del cuadro y todavía en alguna ocasión a lo largo del siguiente, pendiente de la existencia de cualquier cámara, incluso actuando para ellas.)* Yo, aquí donde me ven, soy actriz. He trabajado en teatro y he hecho cine. A veces, entre obra y obra, o cuando los rodajes me dejan tiempo, hago algún anuncio o, como en esta ocasión, me presento a alguna prueba que pueda dar un impulso a mi carrera. La televisión es muy importante, ¿saben? No hay nada como salir en una serie para empezar a ser tenido en cuenta. Una cámara es como un espejo mágico que te hace visible a los otros... ¡te hace existir!

(Interpretando, dirigiéndose a una imaginaria cámara y a un fingido público.)

Oscuro.

Cuadro IV

El reloj de la sala marca las diez menos cuarto. Los personajes están desperdigados por el lugar. REMEDIOS hace punto, PEDRO ojea los libros de las estanterías y PAULA se retoca el maquillaje.

MANUEL   Pues no lo comprendo. ¿Por qué he tenido que dejar todas mis cosas fuera y aquí todo el mundo tiene las suyas? ¿Cómo la han dejado entrar en la sala con esas agujas?

REMEDIOS   No habrán querido negarle este capricho a una venerable setentañera. *(Sonriendo apacible.)* Además; no creo que pueda suicidarme con esto.

MANUEL   Suicidarse no; pero despachar a alguno antes de tiempo, quizá. ¡Qué demonios! ¡Estoy harto ya de este jueguecito! *(Acercándose de nuevo a la puerta y golpeando con fuerza.)* Y nada, aquí seguimos encerrados sin que nadie nos haga caso.

PEDRO   Haga el favor de calmarse; así no vamos a conseguir nada, sino que, cuando estemos dentro, no nos salga nada al derecho. Necesitamos estar tranquilos y relajados para superar la entrevista… o lo que sea que tengamos que hacer aquí cada uno de nosotros.

PAULA   Da gusto oír hablar con un poco de sensatez. (*Sujetando su móvil en la mano.*) Por cierto… ¿Os funciona a vosotros el móvil? Aquí no hay nada de cobertura. (PEDRO y MANUEL *buscan los suyos en sus bolsillos, y comprueban que les ocurre lo mismo.*) Quizá todo esto sea parte de la prueba. Creo que lo he visto ya en algún programa; incluso en alguna película… o en una obra de teatro. Se trata de ver si somos capaces de aguantar la incógnita y la espera. A lo mejor es que ya estamos en el *casting* y la prueba consiste en esto precisamente; en ver quién aguanta más sin perder los nervios, o estudiar nuestras reacciones. Está ya muy visto.

MANUEL   ¿Pero qué *casting* ni qué…?

PEDRO   (*Sin prestar mucha atención a la conversación.*) ¿Se han dado ustedes cuenta de la cantidad de libros que hay en este lugar? Esto es un verdadero paraíso. Yo creo que, si solo se trata de esperar, lo mejor que podemos hacer es coger un libro… (*Mirando a* REMEDIOS.) o el punto quien lo prefiera… y sentarnos a esperar a que nos llamen.

MANUEL   ¿Esperar? ¿Después de una hora? ¡Esto ya es un cachondeo!

REMEDIOS   (*Dirigiéndose a* PEDRO.) ¿Y qué libro ha elegido usted para este viaje?

MANUEL   ¡Ah! ¿Es que ahora estamos de viaje? ¡Yo me largo de aquí!

REMEDIOS   Por supuesto que sí, jovencito; todos los que estamos en esta sala. La vida es como un viaje del que solo se conoce la salida, pero nunca el destino. Deberías saberlo. El viaje puede ser cómodo, incómodo, con billete de tercera o en primera clase, y tener paradas en multitud de estaciones o muy pocas... Y esto parece una de esas paradas. *(Mirando en torno.)* ¿O acaso has venido engañado, muchacho? Supongo que sabes dónde estás y a qué has venido; a todos nos han avisado y citado convenientemente, ¿no es así? Y sabíamos las condiciones; estaban bien claras.

MANUEL   ¿Qué condiciones ni qué...? ¡No sé de qué me está hablando! Solo sé que me dijeron que tenía que venir; ¡nada más! ¡Jamás había estado en una prueba tan absurda!... o lo que sea esto.

PEDRO   *(Sentándose en un sofá, con el libro que acaba de coger en la mano.)* ¿Sabían que, en el siglo XVII, Eusebio de Nierembeg escribió un magnífico libro en el que nos dejó saludables consejos sobre cómo afrontar el último y definitivo viaje?

MANUEL   ¡Y dale con el viaje!

PAULA   ¡Qué interesante! Ya entiendo. Se trata de encontrar entre todos estos libros alguna pista,

¿verdad? Es un concurso de conocimientos y destreza mental. ¿A que sí? ¡Voy a buscar el mío! *(Dirigiéndose con rapidez a las estanterías.)* A ver... ¡Qué cantidad de papel! ¿Pero quién puede encontrar nada entre tanta palabra?

(Se hace de nuevo, lentamente, el oscuro. Transición.)

Cuadro V

Son las diez, como se encarga el reloj de la sala
de recordarnos con unas precisas campanadas. PE-
DRO *sigue leyendo cómodamente recostado en uno*
de los sofás; MANUEL, *sentado en otra esquina, se*
ha quitado la chaqueta y se apoya cabizbajo so-
bre las piernas, con las manos cruzadas; REMEDIOS
está sentada a su lado; PAULA, *de pie, contempla*
la puerta tras la que se supone les espera alguien.
La atmósfera se ha vuelto algo más densa,
como si la ausencia de ventanas y el enclaustra-
miento forzado en los límites de esas cuatro pa-
redes selladas comenzara a hacerse cada vez más
estrecho y asfixiante. De hecho, ese es el efecto
real que debería crearse en escena.

PEDRO   *(Leyendo.)* «No cesaba un momento de bara-
jar pensamientos concernientes a su proceso…
expondría de forma breve y clara la trayectoria de su vida hasta entonces, y en cada suce-
so que tuviera algún significado daría una explicación de los motivos que le llevaron a actuar de una manera u otra…». *(Dejando a un*
lado el libro que sostiene entre las manos, y di-
rigiéndose al grupo.) ¿Sabéis que llevamos
aquí más de una hora y ni siquiera nos hemos
presentado? Permitidme que lo haga… y perdón por el tuteo.

(Se levanta de su asiento.)

MANUEL   *(Con cinismo.)* No, por favor; faltaría más. Así estaremos todos más a gusto. Muchas gracias por la deferencia.

REMEDIOS   *(Cariñosa.)* No te preocupes; adelante, hijo.

PAULA   *(Acercándose.)* Ya iba siendo hora.

PEDRO   Bien… sí… Mi nombre es Pedro, Pedro Antonio Muñoz de…

MANUEL   Sí, gracias, Pedro, gracias. *(Cortándole.)* Tampoco hace falta que nos cuentes tus orígenes y ascendientes; basta con tu nombre. Yo me llamo Manuel.

(Levantándose a su vez y estrechándole la mano.)

REMEDIOS   Yo soy Remedios.

(Haciendo ademán de levantarse.)

PEDRO   No, por favor; no se levante, señora.

REMEDIOS   ¿No hemos quedado en que íbamos a tutearnos? Anda, hijo, dame la mano y ayúdame a levantarme; llevo ya demasiado tiempo sentada y se me duermen las piernas.

(Una vez de pie, permanecen todos quietos mirando a PAULA.*)*

PAULA   *(Tras un incómodo silencio.)* Bueno, sí, está bien. Me llamo Paula; y, como os he dicho antes, soy actriz y he venido a hacer un *casting* que se me está ya atragantando. ¿Sabéis qué hora es?

MANUEL   Tenemos ahí un hermoso reloj que no para de recordárnoslo. *(Tras un nuevo y tenso silencio, quizá excesivamente largo.)* Bueno, pues entonces no entiendo nada… Perdóname, Paula, pero creo que aquí hay algún error; no creo que en este sitio vaya a hacerse ningún *casting*. A mí me han citado en esta dirección para resolver un asunto relacionado con mi trabajo, y te aseguro que no tiene nada que ver con la publicidad, la televisión ni nada por el estilo. ¿No te habrás equivocado de dirección?

PAULA   ¿Y no te habrás equivocado tú? Las señas eran muy claras.

PEDRO   Yo he venido también a una importante reunión, relacionada con mi empresa, y dudo que se haya aprovechado para hacer ningún *casting*. Pero no creo tampoco que hayan citado a ninguna otra persona para un encuentro… podríamos decir, exclusivo. Respecto a la señora *(Refiriéndose a* REMEDIOS.*)*, sinceramente, debe usted haberse equivocado de puerta o de piso.

REMEDIOS   ¡Oiga, joven; no se equivoque! Sé perfectamente dónde me encuentro. Quizá sea la única de nosotros que lo sabe. (*Sonriendo después, e intentando crear un ambiente más distendido.*) Y recuerda que habíamos quedado en tutearnos...

PEDRO   Lo siento, señora... Remedios... no me sale; es la costumbre.

REMEDIOS   Está bien, no importa; estoy acostumbrada. Bueno, pues ahora que ya nos hemos presentado y somos todos amigos, (*Cambiando de manera inesperada su actitud corporal y mostrando una energía sorprendente.*) relajémonos y tratemos de disfrutar de esta pequeña tregua que nos ha dado la vida. (*Saca un móvil del bolso que ha llevado en todo momento consigo y pone una música alegre que invita a bailar, lo que hace ella con unos acompasados pasos, incitando con sus manos a hacer lo mismo a sus compañeros.*) ¿A nadie le apetece una copa?

            (*Se dirige con soltura al mueble bar que hay en un rincón de la sala, observada con atención y estupor por los demás, que siguen sus movimientos y se preguntan con las miradas, entre otras cosas quizá no tan importantes, cómo es posible que el móvil de* REMEDIOS *funcione. Sube el volumen de la música y la iluminación se transforma en la de una sala de fiesta.*)

Cuadro VI

Probablemente las diez y cuarto.

PEDRO   ¡Pero, señora, compórtese! Esto no son formas.

REMEDIOS   Remedios, Remedios…

PEDRO   No podemos estar aquí de fiesta, mientras espe-
             ramos ser recibidos para una cita importante.

REMEDIOS   ¿Qué cita más importante que la vida, mucha-
             cho? *(Tarareando la canción que esté sonando
             en ese momento y bailando como si no hubiese
             un mañana.)* ¡No te reprimas, baila!

             *(MANUEL y PAULA bailan y, al igual que REME-
             DIOS, sostienen sendos vasos en la mano.)*

MANUEL   ¿Pues sabes que yo tengo hambre?

PAULA   No me extraña; con la hora que es y el ejerci-
             cio… *(Visiblemente animada y desinhibida. Ha
             desaparecido cualquier recelo y barrera que an-
             teriormente hubiera levantado frente a MANUEL,
             con quien se la ve ahora mucho más confiada.)*
             ¿Habrá traído Remedios algo para comer en
             el bolso? Ya sabes que las señoras mayores son
             eternas salvadoras; ¡en sus bolsos llevan

siempre el alimento que necesitan los cuerpos y las almas!…

(Riéndose.)

REMEDIOS   ¡Vamos, Pedro; anímate! ¡Aún no ha cantado el gallo! Ni que lleváramos aquí tres días… ¿A quién quieres impresionar tan estirado? ¿Crees que así vas a alcanzar un mejor puesto?

MANUEL   Estás guapísima con ese vestido. *(Alternándose las respectivas conversaciones de las dos parejas.)* Es imposible que no te cojan en el *casting*. Por cierto, no me has dicho para qué era…

PEDRO   Señora Remedios *(Quitándose por fin la chaqueta y la corbata, que hacía tiempo ya le sobraba.)*, esto no es serio y nos van a echar a todos de aquí…

REMEDIOS   ¿Tú crees? De aquí no hay quien escape…

(Se apiñan en el centro los cuatro y bailan juntos, cambiándose las parejas y con la coreografía que se considere oportuna. De repente, en el paroxismo de la fiesta, comienza a escucharse un sonido inclasificable, profundo, que va apagando el volumen de la música y los paraliza a todos, haciéndolos permanecer atentos y en silencio. A continuación, se escuchan ruidos como de puertas que se abren y cierran al otro lado de las suyas. PEDRO se apresura a ponerse de nuevo la chaqueta y la corbata. Oscuro.)

Cuadro VII

El reloj de la sala marca las diez y media. Los personajes están sentados, dominados por una ya indisimulable inquietud que los mantiene en silencio, repartidos indistintamente en los sofás de una sala que resulta cada vez más sofocante y estrecha. Solo REMEDIOS *se muestra serena.*

REMEDIOS   Lo hemos pasado bien, ¿verdad? A veces conviene relajarse un poco y dejarse llevar por la locura… *(Silencio. Pasado un tiempo, se pone de pie con seguridad y templanza, dominando la situación.)* Bueno; creo que va siendo hora de aclarar un poco las cosas y saber qué estamos haciendo realmente aquí cada uno de nosotros. A ver… está claro que esas puertas están cerradas y es imposible abrirlas desde donde nos encontramos. Yo también me he dado cuenta. Bien… ¿qué misterio hay en todo esto? *(Poniéndose de repente seria, y empleando un tono que contrasta con la apacibilidad de su aspecto.)* ¿Alguien puede aclararme qué es lo que ocurre aquí? ¿Qué secreto ocultáis? *(Acercándose lentamente a cada uno de sus acompañantes, con mirada inquisitoria.)* ¿Hay algo… inconfesable, en alguno de vosotros, que pueda habernos puesto a todos en esta situación? Necesito… necesitamos saber la verdad para encontrar alguna respuesta a este misterio. Ya basta de mentiras y disimulos; decid en alto, muy claro, quiénes sois, qué hacéis aquí y qué pretendéis… ¿A qué habéis venido?

MANUEL   Señora, ¡no sé qué está usted diciendo! Este terrible calor debe de estar afectándola.

REMEDIOS   Si creéis que mis muchos años han mermado mis facultades, estáis muy equivocados, amiguitos. Razono perfectamente; y, al igual que vosotros, sé que nada de lo que está sucediendo hoy aquí es normal. O estáis todos compinchados para hacerme perder la cabeza, o alguien está tratando de hacer que la perdamos todos. Ya estabais en la sala cuando yo llegué… Tú, el engominado estirado, pareces el más espabilado de los tres. (*Reacción de* MANUEL *y* PAULA, *que han captado la directa.*) Creo que llegaste el primero, ¿verdad? Cuéntanos por qué estás aquí.

PEDRO   Señora, cálmese un poco. Siéntese. Tome un poco de agua…

(*Se acerca a la zona del mueble bar, buscando una botella del relajante líquido.*)

REMEDIOS   ¡Siéntate tú, Pedro!... y confiesa tu culpa.

(*Este se queda petrificado, de espaldas y de pie junto al mueble del fondo, mientras los demás lo contemplan expectantes. Tras un breve silencio, coge una pequeña botella de agua, que abre con calma, y camina hasta el centro de la sala.)*

PEDRO Culpas… culpas tengo muchas… es cierto, como todos; pero dudo que mi vida personal tenga nada que ver con lo que nos está pasando. Estaba citado en este despacho, que es de la empresa para la que trabajo. Tenía una decisiva reunión con mis superiores, en la que esperaba obtener un importante ascenso que me colocaría por fin en el puesto que merezco. ¡Llevo años mereciéndolo!

REMEDIOS Bien… ¿Y nada más? ¿Es eso todo? ¿Qué has hecho para merecer tus triunfos?… ¿Has engañado? ¿Has pisado a otros? ¿Has jugado siempre limpio?… ¿Podrías haber hecho algo indebido por lo que alguien quisiera castigarte? ¿Tienes algo que ocultar?

PEDRO ¡Por Dios! ¡Cuántas preguntas! Ni que esto fuera un tribunal. *(Desanudándose de nuevo la corbata. Quizá quitándose furioso la chaqueta.)* ¡Todos tenemos algo que ocultar y somos responsables… o culpables, si usted quiere, de nuestros actos! ¿Quién no ha mentido alguna vez? ¿Acaso somos santos?… Mire, señora, no tengo nada que esconder; llevo una vida intachable, mis hijos y mi esposa tienen todo lo que necesitan y…

REMEDIOS ¿Seguro?

PEDRO   Bueno, ya está bien. No tengo por qué seguir soportando este interrogatorio impertinente e inútil. A ver, que hable otro; yo ya he dicho bastante.

REMEDIOS   Por el momento.

PAULA   (*Levantándose de su asiento.*) A mí estos jueguecitos no me gustan nada. Pero ya que estamos, y como creo que he dicho varias veces desde hace un buen rato, yo he venido para hacer una prueba en un *casting* en el que se buscan actrices para una serie que promete y puede llegar a ser un éxito. Estos trabajos se pagan muy bien y, de momento, el dinero me servirá para ir tirando. La vida de un actor no es fácil; estamos siempre en una cuerda floja, demasiado estrecha y a punto de romperse. Por eso vivimos sin mirar abiertamente el mañana, pero observándolo de reojo.

REMEDIOS   (*Se acerca a* PAULA *y le acaricia la mejilla con ternura, mirándola con cariño.*) Te comprendo, hija mía. Y supongo que no has tenido un camino de rosas hasta llegar aquí, ¿verdad?

PAULA   No se equivoque, he sido y soy muy feliz haciendo esto; no sabría y no querría hacer otra cosa. Pero cuesta abrirse paso entre tantos otros y otras semejantes a mí, con igual o mejor formación, o con más suerte o contactos, que también desean y necesitan tener un hueco que se hace cada vez más estrecho y te obliga a hacer muchos, a veces demasiados, sacrificios para permanecer en él.

REMEDIOS   ¿Qué clase de sacrificios?

PAULA   ¡Pues de todo tipo! ¿Se puede saber qué clase de preguntas son estas? ¿Y a usted qué le importa mi vida?

REMEDIOS   Está bien, cariño, no te molestes. Creo que ya nos has aclarado el motivo de tu presencia en esta sala.

PAULA   Mi presencia en esta sala… ¿Y qué sala es esta? ¿Dónde se está haciendo la prueba? ¿Sois vosotros también actores?

(Vuelve a producirse ese extraño e incómodo sonido que había retumbado en la estancia con anterioridad. A los ruidos de puertas abriéndose y cerrándose, se suman otros, no fácilmente reconocibles; pasos que se acercan y alejan por un pasillo interminable, golpes, susurros, conversaciones inaudibles y confusas… todo ello en una atmósfera de inquietante misterio y zozobra. Las luces de la sala parpadean un momento antes de producirse, lentamente, un nuevo oscuro.)

Cuadro VIII

El reloj marca las once menos cuarto. Manuel *se encuentra ahora de espaldas al público, observando y siendo observado por sus compañeros, que se hallan sentados frente a este, a cierta distancia unos de otros. Tras un silencio, romperá a hablar.*

Manuel   Yo... en realidad, no sé por qué me han citado, ya lo he dicho. Sí; me pidieron que me presentase en estas oficinas por algo relacionado con mi trabajo; pero no sé nada más... Yo no he hecho nada indebido; no sé por qué quieren verme. Llevo años trabajando en esta empresa y siempre he mantenido una conducta intachable... Bueno, es cierto que he tenido algunos altibajos, y he faltado en ocasiones quizá más de lo debido. Problemas de salud, apenas sin importancia... *(Visiblemente excitado, nervioso. Se acerca al mueble bar y se sirve una copa, que bebe con ansiedad, casi de un trago. Tras un nuevo silencio, sigue hablando, diríase para sí, caminando por la sala.)* Es cierto que en casa las cosas no han ido muy bien últimamente. El estrés y este maldito trabajo que me absorbe cada minuto, a cambio de nada... Sí, de un mísero sueldo que me recuerda lo poco que soy y lo ajustado de la cadena que llevo al cuello… ¿Qué es lo que buscáis? ¿Una confesión? (*Vuelve al rincón donde se halla la bebida y se sirve una nueva copa, que apura con rapidez.*) Pues vale, sí, lo admito. No soy perfecto; nunca lo he sido. Pero una debilidad la tiene cualquiera. ¿Acaso habéis montado esta charada solo para sacarme de quicio y hacerme confesar?

PEDRO   (*Encarándose con él y perdiendo los estribos.*) ¿Confesar qué? ¿Confesar qué? ¿Qué tienes tú que confesar? ¡No me digas que eres tú el culpable de todo esto!

PAULA   ¡Pedro! ¡Manuel! Calmaos, por favor. (*Levantándose y acercándose a este último.* PEDRO *vuelve a sentarse.*) Manuel, tranquilo… Nadie te culpa de nada ni tienes nada que confesar. (*Dirigiéndose a todos.*) Es muy tarde. Llevamos aquí casi dos horas. Está claro que la reunión, prueba o lo que sea a lo que veníamos cada uno de nosotros nunca ha sido real, y todo esto parece una burla, o algo peor, el juego sádico de alguien que quiere reírse de nosotros y volvernos locos… Esto es un burdo engaño, y lo más importante es que encontremos el modo de salir de aquí cuanto antes.

(PAULA *se aproxima a una de las puertas y busca con la vista, también con las manos, el modo de salir de ese espacio cada vez más claustrofóbico y asfixiante.*)

PEDRO   (*Sin levantarse de su asiento, y mirando fijamente a* REMEDIOS, *que se encuentra sentada en el sofá que hay frente al suyo.*) ¿Y usted…? ¿Y tú, Remedios? Aún no nos has dicho qué es lo que haces aquí. Ya hemos dado cada uno de nosotros una explicación, o al menos algo parecido; a nadie le interesa saber más de nuestras vidas. Ahora le toca… te toca a ti. Cuéntanos. ¿También te han citado aquí para alguna entrevista… de trabajo?

            (MANUEL *y* PAULA *miran desde donde se halla cada uno a* REMEDIOS, *con la intención de escuchar su historia. Tras un breve silencio, esta se levanta de su asiento, como ausente de cuanto acaba de suceder y decirse.*)

REMEDIOS   ¡Ah! ¿Pero, entonces, vosotros no esperáis al doctor?

            Oscuro.

Cuadro IX

Las campanas del reloj anuncian con sentencio-
sa insistencia que son las once. Al cesar su me-
lódico aviso, que queda retumbando en el aire, se
ilumina la escena y escuchamos el fuerte ruido
producido por los golpes que MANUEL *y* PEDRO
descargan, con la pequeña mesa de centro, con-
tra la puerta por donde todos han entrado. Final-
mente desisten, exhaustos, y dejan el improvisa-
do ariete a un lado. El reloj marca exactamente
la hora indicada. Ambos se encuentran sudoro-
sos y en mangas de camisa.

MANUEL   Nada, imposible; esta puerta no hay quien la tire.

PEDRO   Es inútil. Nos han encerrado aquí, sin explicación ni motivo alguno, y no hay modo de salir. Esto es una locura. ¡Y aquí no hay quien respire!… Me falta el aire.

PAULA   No solo a ti… *(Con un leve gemido.)* No me puedo creer lo que está pasando. No puedo más. ¡Quiero irme ya! ¡Necesito irme ya! Me están esperando en casa… Hace tiempo que debería haber regresado. *(Muy nerviosa, a punto de sufrir un ataque de pánico.)* ¡Por favor! ¡Quiero salir de aquí! ¡Socorro! ¡Socorro!

(Sus gritos se pierden en el desprecio del silencio que la observa.) Que alguien nos ayude, por favor…

(Su voz queda ahogada por la impotencia y cae encogida ante la puerta opuesta a aquella por la que entraron, que ha permanecido cerrada en todo momento. MANUEL ha acudido con rapidez a su lado y la abraza con ademán protector.)

REMEDIOS   *(Que sigue sentada en uno de los sofás y ha vuelto a entretenerse con el punto.)* Yo no me cansaría tanto, querida. Saben que estamos aquí, y seguramente están revisando nuestros casos para ver cuál es el mejor remedio para cada uno de nosotros. No tardarán en avisarnos y darnos una solución.

MANUEL   Pero, señora, ¿está usted loca?

REMEDIOS   *(Sin hacerle caso, canturreando.)* Y la vieja viaja, y la moza canta, y las Moiras bailan a su alrededor…

PEDRO   Déjala, Manuel. Parece que aquí la única que está en su sitio es ella. Ya no sé qué pensar… Lo cierto es que el aire está cada vez más cargado. No hay ventana alguna en este lugar y las puertas están totalmente selladas. Llevamos ya dos horas encerrados aquí y muy pronto tendremos necesidades… imperiosas… además del hambre que empiezo a notar ya en el estómago.

PAULA   *(Sacando una cajetilla de tabaco de su mochila y cogiendo un cigarrillo.)* Bueno, ya está bien; yo me fumo un cigarro. ¿Alguien tiene fuego?

(Mira a MANUEL.*)*

MANUEL   Ya te dije que todas mis cosas se habían quedado fuera. De todas formas, no tenía.

PEDRO   *(Al percibir la mirada de* PAULA.*)* Yo tampoco; no fumo. Y tú tampoco deberías hacerlo. A estas alturas no creo que estuvieras saltándote nada prohibido; pero aquí se respira cada vez peor, el aire empieza a enrarecerse, y no creo que el humo de tu cigarro mejore… el ambiente.

PAULA   Muy gracioso. No has perdido el sentido del humor ni ese palo que llevas en el culo desde que te he visto. *(Retadora. Se dirige al mueble bar.)* Voy a ponerme otra copa. ¿Te apetece, Manuel? *(Este niega con un gesto.)* ¿Y a ti, Remedios?

REMEDIOS   No, gracias, hija; voy servida. *(Revuelve entre las cosas que guarda en su bolso, saca un zippo, que enciende con soltura ante la mirada sorprendida de todos, lo cierra y se lo lanza a* PAULA.*)* ¡Toma, Paula; échate un pito!

PEDRO   ¡Remedios! No haga usted eso, por favor. Vamos a morirnos asfixiados aquí, entre el humo, el calor y la falta de aire. ¡Necesitamos respirar!

REMEDIOS   ¿Quién te lo impide, hijo? Respira, hombre, respira… y cógete otro de esos libros que tanto te gustan. A lo mejor te sirve para encontrar la salida. *(Coge de nuevo su punto y vuelve a canturrear.)* Y la vieja viaja, y la moza canta, y las Moiras bailan a su alrededor…

(Ambientación musical de transición. Oscuro.)

Cuadro X

> PAULA y MANUEL, *recostados sobre la pared en un lateral del escenario, sentados en el suelo con una actitud cercana e íntima. Ambos fuman del mismo cigarrillo.* PEDRO *lee, mientras bebe una copa;* REMEDIOS *duerme. El reloj marca las once y cuarto.*

PAULA   *(Entre bromista y asustada.)* Debemos dosificarlos, que aún no sabemos cuándo vamos a salir de aquí… ni si lo haremos.

MANUEL   No seas cenizo. Aunque, la verdad, empiezo a estar cada vez más cómodo en este sitio… *(Mirándola con una sonrisa picarona, impropia de la situación. O quizá no.)* Me estoy acostumbrando a esto. *(Le coge el cigarrillo a* PAULA.*)* No llevarás nada de comer en tu mochila, ¿verdad?

PAULA   No; y ya hemos acabado con la bodega… *(Se ríe, algo achispada.)* ¡Eh, Remedios! ¡Haznos un milagrito y sácate un bocadillo del bolso!

MANUEL   ¡Calla, que la despiertas!

PAULA   A esa mujer no hay quien la despierte ni pueda con ella. Es la más entera del grupo.

MANUEL   Quizá porque es la que menos tiene que perder.

PAULA   *(Mirándolo con cariño y cierta coquetería seductora, quitándole el cigarrillo de la mano.)* ¿Y tú, tienes mucho que perder?

MANUEL   Ahora que te miro y te tengo a mi lado, solo temo lo que puedo dejar de ganar.

     (Ella se recuesta en su regazo y fuma con parsimonia, mientras su vista se pierde entre las oquedades del humo.)

PAULA   *(Tras unos segundos en silencio, apagando el cigarrillo.)* Dime, Manuel; antes dijiste que estabas aquí por algo relacionado con tu trabajo. Insinuaste que habías tenido últimamente algunos problemas de salud; y que en casa las cosas no iban bien… ¿Estás casado? ¿Tienes hijos? Perdona si me meto en lo que no me importa.

MANUEL   Todo lo contrario. Me encanta hablar contigo. Aquí, perdidos en mitad de la nada, todo cobra sentido. Por primera vez en mucho tiempo, cuando menos dueño soy de mis actos y de lo que me espera, más dueño soy de mí mismo y de mi voluntad. Mi salud está bien… es solo que vivo en una permanente tensión que me está destrozando los nervios. Estoy casado, sí; y no tenemos hijos. Nuestra situación económica no nos ha animado a ello… me digo, aunque lo que realmente creo es que nos hemos puesto mil excusas para no dar el paso. Quizá no estamos seguros de haber encontrado la persona adecuada para ello. Y mientras tanto, vamos dilatando y retrasando el momento de algo que sabemos inevitable... o necesario... ¿Y qué me dices de ti?

PAULA   ¿De mí? Hay poco que contar. Una rubia más... *(Susurrando y haciendo el gesto de contarle un secreto.)* De bote. *(Riéndose con complicidad.)* Una cabeza loca; demasiado bonita y demasiado movida para estarse quieta mientras la contemplan... No sé; no he tenido tiempo para muchas cosas. La verdad es que durante muchos años la vida sí fue para mí ese camino de rosas que decía Remedios. Tuve unos padres maravillosos que me criaron como la niña de sus ojos que realmente fui, y no me faltó de nada. Me acostumbré a pedir y recibir, a mandar y ser complacida, creyendo que merecía cada uno de mis caprichos, convencida de que era justo que fuera así. No me preguntes por qué; era demasiado niña, y luego demasiado joven. Quizá creía que las personas nacemos en el lugar que nos corresponde y todos deben acatar esa injusticia divina que nos hace diferentes. En mi caso, del lado privilegiado. *(Pausa.)* Acabé los estudios de bachillerato como pude, sin excesiva pena ni gloria, pero también sin ningún esfuerzo, tal y como había vivido hasta ese momento. Estaba tan acostumbrada a ser el centro de atención que pensaba que siempre seguiría así, rodeada de elogios y envidias. Me sentía el centro de todo, la protagonista de una de esas películas que acaban con todos cantando un estribillo pegadizo, montada en un coche con alas disparado hacia el cielo… Y me metí en una escuela de arte dramático. (*A lo largo de su relato,* PAULA *habrá ido reviviendo su pasado y sus sueños, en un estado de creciente excitación, alegría nostálgica y euforia, que culminará en un paulatino, y finalmente brusco, descenso a la realidad.*) Durante un tiempo todo fue maravilloso, las cosas no cambiaron demasiado, a pesar de que mis padres esta vez sí se opusieron rotundamente a mis deseos; tenían sus propios sueños para mí, mucho más altos, o al menos totalmente distintos. Pero estaba demasiado acostumbrada a hacer mi voluntad para que a esas alturas fuera a amoldarme a la de otros; así que me salí con mi propósito, y ellos no tuvieron más remedio que aceptarlo. Durante unos años seguí dejándome llevar, ascendiendo en mi nube; creía que iba a comerme el mundo y brillaría entre las estrellas… yo también sería una de ellas. (*Su silencio queda retumbando, inerte, en el vacío de la sala.*) Hasta que un día desperté de golpe a la realidad, y lo que encontré fue… ¡Dios! ¡Qué asco!... ¡Qué vergüenza!... (*Visiblemente compungida, conteniendo las lágrimas. O quizá no. La escena debe haber alcanzado aquí la intensidad suficiente como para que la actriz mantenga ahora un nuevo y emotivo silencio, pleno de significado.*) ¿Para qué seguir? Baste con decir que las cosas no salieron como había imaginado. Y desde entonces me arrastro de *casting* en *casting* mendigando un trabajo, con una eterna sonrisa que adorne mi rostro y muestre a los otros una ilusión y una alegría que en realidad ya no siento.

MANUEL   *(Mirándola con estupor y sincero cariño.)* ¡Uf! Eso sí que es una confesión, Paula. Acabas de ganarte el papel.

Oscuro.

Cuadro XI

Las once y media en el reloj de la sala. Ahora son MANUEL *y* PAULA *quienes dormitan recostados el uno junto al otro, en el mismo lugar donde se encontraban antes.* PEDRO *también duerme, sosteniendo aún en las manos el libro que antes leía.* REMEDIOS *se levanta con discreción de su asiento y se acerca al lugar donde este se encuentra, le quita con delicadeza el volumen y lo deja a un lado.*

REMEDIOS   Pedro... Pedro...

            (Apoyando la mano con suavidad en su hombro.)

PEDRO   ¿Quién...?

REMEDIOS   Calma, hijo, cálmate; soy yo. No pasa nada. Todos están durmiendo. ¿Me permites que me siente a tu lado?

            (Haciéndolo.)

PEDRO   Sí, claro. ¿Qué hora es? *(Mirando su reloj.)* ¡Uf! Dios mío, las once y media.

            (Se sujeta la cabeza entre las manos y vuelve a levantarla, con la mirada perdida.)

REMEDIOS   Bueno, Pedro... ahora que todo está tranquilo y tenemos todo el tiempo del mundo, te toca contarme todo eso que antes callaste. (PEDRO *la mira confuso.*) Estabas citado para una entrevista con tus jefes... sí, ya sé... en la que esperabas obtener un importante ascenso en la empresa, que te situaría donde realmente mereces. Una maravilla. Habrías alcanzado el verdadero triunfo en esta vida, la felicidad que otorga el éxito. Me alegro mucho por ti. *(Dándole unas palmaditas en la rodilla.)* Sí, te lo mereces, ¿cómo no? Un hombre como tú, con una vida intachable; paternal padre, amoroso esposo... un verdadero ejemplo para la comunidad. A propósito, ¿cómo se llama tu esposa?

PEDRO   Esperanza.

REMEDIOS   Bonito nombre. *(Tras un breve silencio.)* ¿Tú la tienes?

PEDRO   ¿Esperanza?

REMEDIOS   Sí.

PEDRO   Depende de para qué.

REMEDIOS   ¿La tenías en alcanzar ese puesto?

PEDRO   Sí, claro que sí; no podía ser más que mío. Ya se lo dije antes.

REMEDIOS   ¿Y en qué has perdido la esperanza?

(*Nuevo silencio cargado de respuestas.*)

PEDRO   Mire, señora; no creo que esta conversación lleve a ningún lado, y no sé por qué razón debo darle explicaciones sobre mi vida.

REMEDIOS   ¿Por qué, Pedro? Estamos solos, nadie nos escucha. (*Mirando a* PAULA *y* MANUEL.) Esas puertas están cerradas y no sabemos cuándo se abrirán. Todos necesitamos algún momento como este, que nos permita ser nosotros mismos y actuar con entera libertad, sin juzgar ni ser juzgados, al margen de normas e imposiciones sociales, y de quiénes somos o hemos aceptado ser en ese juego que hay ahí fuera. Si existe algún lugar idóneo para confesar lo inconfesable tras esa puerta, es este. Y quizá yo sea ahora mismo la persona más adecuada para escucharte.

(*Volviendo a mirarlo de nuevo con una profundidad cargada de cariño, comprensión y aceptación.*)

PEDRO   (*Resignado y entregándose al fin.*) Está bien, Remedios… tú ganas. Sí, hay algo que me quema por dentro desde hace tiempo; algo que me corroe y avergüenza, y no me deja vivir, por mucho que trate de mirar día a día hacia otro lado. (*Levantándose y caminando por el centro de la sala. Mirando hacia el patio de butacas.*) Fue algo sin importancia, un simple juego, un arrebato… una tontería de esas que cometemos algunas veces, pero de las que no somos después capaces de desprendernos, y se aferran a nosotros, convirtiéndose en una carga… una deliciosa y placentera carga, de la que no podemos ni queremos ya escapar, aun sabiendo que nos arrastra consigo a un lugar que nos está vedado y solo puede provocar dolor; a nosotros y a quienes queremos.

REMEDIOS   ¿La quieres?

PEDRO   ¿A quién?

REMEDIOS   A ella, a la otra.

PEDRO   No sé… Sí, la deseo, con una pasión que me quema y me hace sentir temerosamente vivo; como un criminal que se agazapa en la sombra para cometer su delito. Un delito que le excita y le hace sentir a un tiempo poderoso y culpable.

REMEDIOS   E infeliz.

PEDRO   Así es. No puedo soportar la culpa. ¡Perdóneme, Remedios; perdóneme!

(Acercándose a ella y apoyando la cabeza sobre sus rodillas.)

REMEDIOS   No soy yo quien debe perdonarte, hijo mío. *(Poniéndole las manos, consoladora, en la cabeza.)* Reconcíliate contigo mismo y después con tu esposa, si es que aún la quieres. Quizá haga honor a su nombre y os devuelva la esperanza.

PEDRO ¿Que si la quiero? ¡Es el motor y la razón de mi vida! ¡Haría cualquier cosa por que todo volviera a ser como antes!

REMEDIOS Pues entonces hazlo. (*Levantándole la barbilla y mirándolo con ternura.*) Puede que aún estés a tiempo.

(*Se hace lentamente el oscuro. Música de transición.*)

Cuadro XII

*Faltan quince minutos para las doce. La escena
despierta, al tiempo que se ilumina, con el horrí-
sono e inquietante ruido que sonó con anterioridad, lo que hace que todos se apiñen, excitados
y temerosos, abrazados a* REMEDIOS, *en el centro
de la sala. Cuando este cesa, van separándose lentamente y dispersándose, tratando de encontrar en
el consuelo de las lágrimas, o en el silencio, un mo-
mentáneo refugio. El cuadro se congela por
unos instantes. Las posiciones adoptadas por los
personajes diríase extraídas de una escena bíbli-
ca llevada al lienzo. En el momento oportuno, la
voz de* REMEDIOS *reinicia la acción.*

REMEDIOS Tranquilos, hijos, tranquilos; todo está bien,
no pasa nada. (REMEDIOS, *cuya figura se ha ido
agrandando, adquiriendo un valor cada vez
mayor para sus compañeros de encierro, ha ga-
nado también en belleza y carisma a medida que
han avanzado las horas, fortalecida y rejuvene-
cida a los ojos de* PEDRO, MANUEL *y* PAULA.) Ya
queda menos para salir de aquí y todos podre-
mos recuperar nuestra vida. O encauzarla, si
aún estamos a tiempo. (*Mirando con conniven-
cia a* PEDRO. PAULA *y* MANUEL *permanecen cerca el uno del otro, con las manos todavía entre-
lazadas.*) ¡Vamos, chicos! ¿Qué os ocurre? ¿Se

os ha comido la lengua el gato? ¡Quién os ha visto y quién os ve! ¡Miraos! (*Ahora es ella la que pasea por la sala, con solemne majestuosidad; y una belleza, emanada de su bondadosa sonrisa, que impresiona y paraliza a un tiempo. Se detiene de nuevo para observarlos.*) ¿Sois creyentes?

(*Miradas de incredulidad, duda, búsqueda de complicidad y, en general, de incomprensión hacia una pregunta que no entienden o no quieren entender.*)

PEDRO   Yo…

REMEDIOS   Ya, tú… ¿Y vosotros?

PAULA   (*Balbuceando una respuesta que trata de ser una excusa.*) La verdad es que…

MANUEL   Yo sí, señora. Sí lo soy. A mi pesar… (*Se suelta de la mano de* PAULA.) No resulta fácil llevar la carga de la culpa, azuzada por una conciencia que pesa como una losa. ¡Cuántas veces hubiera querido librarme de esa carga y ser libre! (*Acercándose a ese mueble bar, que hace tiempo no visitan, y rebuscando entre las botellas.*) ¡Pero bueno! ¡Aquí es que no hay agua?

PAULA   Tranquilo, Manuel. Mira, sí; las botellas de agua están detrás. (*Yendo junto a él y ayudándolo.*) Dame a mí también una… ¿Alguien quiere?

(Regresando a su sitio, ante la negativa respuesta de los demás.)

REMEDIOS   Sigue, Manuel. Me interesa mucho lo que dices. A todos nos interesa, ¿verdad?

(PEDRO y PAULA hacen un gesto, no se sabe si afirmativo, de aceptación o indiferencia, según el caso. MANUEL ha vuelto al centro de la sala.)

MANUEL   Nací en un barrio obrero, en aquellos tiempos en que las parroquias y las iglesias se habían convertido en refugio de desfavorecidos sociales, y trataban de ganarse el alma de las gentes de la calle haciendo más atractiva la palabra de Dios con canciones dominicales, donativos de ropa y algunas fiestas que, en ocasiones, nos hacían perder la compostura y olvidar el lugar en que nos hallábamos. En aquel tiempo, para mí decir Dios era decir refugio, consuelo, alegría, esperanza... Con el paso de los años, me alejé de aquella experiencia de mi niñez y adolescencia, para adentrarme en una vida donde aquel espíritu de hermandad y aquellas normas no impuestas, aunque sabidas y respetadas por todos, fueron desapareciendo... Pero estaban ya profundamente grabadas en mí... Poco a poco dejé de creer en aquel Dios estático y solemne, maniatado por unas reglas dictadas por humanos que también lo atenazaban a él; olvidé los ritos y los sacramentos, dejé de frecuentar los sonoros ecos de la voz y de las pisadas enmarcadas en el majestuoso silencio de los templos, y me lancé sin freno a lo que hoy se llama vida, dispuesto a devorarla con el ansia de quien no tiene un mañana. Con una beca y no poco esfuerzo, compaginando cuando fue preciso trabajo con estudios, llegué a la Universidad y conseguí licenciarme. ¡Había encontrado un modo de escapar de aquel barrio que tanto me recordaba, al recorrer sus calles, quién era y de dónde procedía!... Lo demás fue muy rápido. Conocí a una chica de buena familia en la carrera; sus padres me aceptaron, no sin cierto recelo; y casarme con ella fue para mí la culminación de mi éxito... Coches, viajes, ropas, amigos, cenas... y un dinero que salía con mucha más facilidad que entraba; una vorágine que día a día me iba pidiendo más... más... más...

(*De repente,* Manuel *cae sobre sus rodillas y solloza, apesadumbrado por el recuerdo y el dolor.*)

PEDRO   ¿Te encuentras bien, Manuel?

(*Haciendo un intento de acercarse a él, al igual que* Paula. *Este los detiene con un gesto de la mano, y prosigue.*)

MANUEL   Un día, no hace mucho, cometí una estupidez de la que aún me estoy arrepintiendo. No sabía qué hacer para controlar unos gastos imposibles de sostener. El puesto que tengo en la empresa donde trabajo me permite el acceso a ciertos datos y cuentas bancarias por las que el dinero pasa con tanta rapidez y facilidad, y en tales cantidades, que deja de verse como tal para convertirse en meras secuencias numéricas. ¿Acaso podría notarse una mínima desviación de ese torrente de números aleatorios, que bailaban y se reían ante mis ojos, día tras día, sin que osara, con un respeto religioso, bailar yo también con ellos?... ¡Con qué superioridad y soberbia indiferencia me miraban desde su protectora pantalla! La misma con que me miraban los amigos de mi mujer, y su familia, haciéndome recordar permanentemente que mi sitio no era ese, que no pertenecía a ellos... Y en un impulso; por desesperación, sí, pero casi más como una venganza personal, una forma de rebeldía contra la condena de estar sometido de nuevo a la vergüenza de sentirme inferior, de no poder alcanzar lo que otros habían tenido sin esfuerzo alguno, o al menos no más que el mío, a pesar de haber hecho todo cuanto se me había exigido para lograrlo, me apropié de un dinero que no me pertenecía.

PAULA   ¡Manuel!

MANUEL   Sí, Paula. Soy un ladrón. Me avergüenzo de mí mismo. Hoy creía que me habían llamado a estas oficinas no solo para despedirme, sino probablemente para algo mucho peor.

PEDRO (*Reaccionando furioso.*) ¿Entonces has sido tú? ¿Estamos aquí por tu culpa? ¿Por ti estamos encerrados en esta sala, desde hace horas, esperando un castigo que no es nuestro, sino tuyo? ¡No eres más que un vil ladrón!

(*Abalanzándose sobre él violentamente.*)

MANUEL ¿Estás loco?

(*Defendiéndose.* PAULA y REMEDIOS *se interponen entre ambos.*)

REMEDIOS ¡Pedro! ¡Guarda tu ira! Tú también tienes de lo que avergonzarte y callar. ¿O acaso estás libre de culpa?

(*En ese momento, las campanadas del reloj comienzan a dar las doce, al tiempo que se va haciendo el oscuro en la sala.*)

Cuadro XIII

El reloj marca las doce en punto. Los cuatro personajes están sentados en el sofá central de la sala, con la siguiente disposición: REMEDIOS *en el centro,* PEDRO *a su derecha; a su izquierda,* PAULA, *y junto a ella* MANUEL.

REMEDIOS Bien, hijos; pues no sé vosotros, pero yo ya tengo hambre. Manuel, ¿serías tan amable de acercarme el bolso? *(Este se levanta y se lo acerca.)* Y trae también un poco de agua, por favor. *(*MANUEL *se dirige al mueble bar y trae unos botellines de agua, que reparte entre todos mientras estos le dan las gracias.)* Gracias, cariño; puedes sentarte. *(*REMEDIOS *hurga en el interior de su bolso hasta que encuentra algo.)* ¡Ajá, aquí está! No es muy grande, pero al menos servirá para tranquilizarnos un poco, darnos fuerzas y alimentar nuestro espíritu. *(Saca un bocadillo que observa con satisfacción, y comienza después a repartirlo entre todos fraternalmente, al tiempo que estos agradecen el gesto solidario de su salvadora. Por un instante permanecen expectantes, esperando algún gesto o señal que indique que pueden empezar a comer.)* Adelante... vamos, ¿a qué esperáis? Podéis comer.

(Y lo hace ella misma, seguida inmediatamente por todos, que saborean el alimento y lo disfrutan como si no hubiera un mañana. Crece el buen humor y se miran entre sí con satisfacción.)

PAULA   *(Levantándose animada.)* Oye, Remedios; ¿te sigue funcionando el móvil? ¿No tenías música? ¿Por qué no la pones otra vez? ¡Vamos, chicos! ¡No me digáis que esto no os ha devuelto la esperanza! *(Empieza a sonar una música pegadiza y bailona, salida de no se sabe dónde.* PAULA *tira de* MANUEL, *cogiéndole de una mano.)* ¡Venga, vamos!

MANUEL   ¡Pues vamos!... *(Levantándose.)* «Un poquito palante, María»... *(Canturreando entre risas.)* ¡Vamos, Pedro! Tú también... ¡*Alea iacta est!*... «Un, dos, tres»...

*(*REMEDIOS *también les sigue.)*

PEDRO   *(Uniéndose al grupo.)* ¡Pues por mí que no quede! ¡Ole! ¡*Alesanfán de la patrí*! ¡Alegría! *(Bailan y se ríen libremente, disfrutan, ofreciendo un grotesco y tragicómico contraste con la situación en que se encuentran y la tensión de las escenas previas. Pasado un tiempo,* PEDRO *se acerca a* MANUEL.*)* Manolo, perdona...

MANUEL   ¡Hombre! ¿Qué pasa, Pedrito? *(Sin dejar de bailar.)* ¿Cómo lo llevas? ¿Se te han pasado ya las ganas de molerme a palos?

PEDRO   No debería haber reaccionado, así. No soy quién para juzgarte. Te pido perdón.

(Ofreciéndole su mano, que MANUEL, *tras mirarle un instante, estrecha sinceramente y con satisfacción.)*

PAULA   ¡Hey, chicos! Ya era hora. ¿No me digáis que no os sentís mucho mejor así?

(Acercándose a ellos y abrazándolos.)

PEDRO   Sí; ¡pero eso no quita que este sea un ladrón, eh!

(Bromeando y sin dejar de bailar, al igual que todos.)

REMEDIOS   *(Recriminándolo amablemente.)* Pedro… ¿abrimos la caja de las culpas? Todos tenemos algo que ocultar… *(Mirando fijamente a* PAULA, *que se detiene un momento bajando la vista, para seguir después bailando.)* y la necesidad de contarlo, sin que la verdad revelada nos estalle en los ojos.

(Todos bailan y bailan durante el tiempo necesario, hasta que la música, lentamente, comienza a ser absorbida por el conocido e inquietante sonido que ha surgido de la nada en diferentes momentos y vuelve a hacerlo ahora, acabando con la canción y haciendo que cese el baile. Al poco tiempo, vuelven a oírse puertas que se abren y cierran, y esas voces confusas, esos pasos, que esta

vez parecen acercarse, haciéndose paulatina-
mente más audibles. PAULA, PEDRO, MANUEL y
REMEDIOS *permanecen quietos, petrificados, es-*
cuchando con atención a la espera de que ese
ruido, ya familiar, desaparezca de nuevo. Pero
no, al contrario que en anteriores ocasiones, esta
vez los pasos y las voces están cerca, muy cer-
ca; exactamente ya al otro lado de la puerta, que
en ese momento se abre.)

Oscuro.

Cuadro XIV

*La esfera del reloj irradia una intensa luz que hace
imposible adivinar la posición de sus agujas. Movimiento y ruido de gente tras la puerta izquierda de la sala, que permanece ahora abierta.*

PAULA   ¿Habéis visto? ¡Estaba claro que iban a sacar-
nos pronto! No podían tardar ya.

MANUEL   Siempre he dicho que estos edificios moder-
nos son un peligro. ¿A quién se le ocurre po-
ner puertas herméticas? ¡Y en manos de la in-
teligencia artificial! Menudo susto nos hemos
llevado; ya pensábamos que la íbamos a pal-
mar aquí.

PEDRO   Pues será mejor que salgamos pronto, antes de
que se cierren de nuevo.

PAULA   Eso, eso; yo aquí no me quedo. Supongo que
se habrá suspendido el *casting*…

PEDRO   No sé si el *casting*; pero la reunión, seguro que
sí.

MANUEL   Pues a mí no me ha llamado nadie, así que ya
me llamarán otro día si quieren. Yo me largo.

(Dirigiéndose hacia la puerta.) ¿Te vienes, Paula?

(Extendiéndole la mano.)

PAULA ¡Sí, claro!

(Cogiendo deprisa su mochila.)

MANUEL ¿Pedro?

PEDRO Por supuesto; yo también me voy. *(Cogiendo a su vez su americana, que se cuelga en el brazo. MANUEL recoge también la suya, que permanecía desde hacía tiempo tirada en el suelo. PEDRO se detiene un instante para mirar a REMEDIOS; PAULA y MANUEL lo imitan.)* Bueno, Remedios; creo que ha llegado el momento de despedirse. Ha sido toda una aventura… Parece que hemos pasado juntos una eternidad.

REMEDIOS Es posible; depende de cómo se mire. Un segundo puede ser toda una vida cuando no tienes otro que gastar.

MANUEL ¡Bravo, Remedios! *(Aplaudiéndola.)* Genio y figura. Estoy seguro de que para cada ocasión tienes siempre la frase oportuna. ¡Eres divina!

(Abrazándola con fuerza y dándole un sonoro beso antes de separarse de ella.)

PAULA   *(Se acerca también a* REMEDIOS, *más despacio, y la abraza con sumo cariño. Abrazo correspondido por esta de igual modo. El ruido y el movimiento proveniente de fuera, que no ha dejado de escucharse, se hace más intenso o apagado según lo requieran el diálogo y la situación.)* Remedios... gracias, gracias por todo. Has sido muy importante para todos nosotros hoy. No sé cómo lo habríamos superado sin ti.

REMEDIOS   Vamos, Paula, no digas eso; todos hemos sido importantes hoy. Vosotros también me habéis ayudado mucho a mí; os lo aseguro.

PEDRO   Bueno... amigos... ¿nos vamos?

PAULA   ¡De mil amores!

MANUEL   ¡Pies, para qué os quiero!...

(Dirigiéndose todos con alegría hacia la puerta abierta. REMEDIOS *se queda de pie, sin moverse.)*

PEDRO   *(Antes de salir, se detiene ante el umbral de la puerta por la que acaban de salir* PAULA *y* MANUEL, *y se vuelve buscando a* REMEDIOS.) Remedios, ¿qué haces?... ¿No vienes?

REMEDIOS   Pero... *(Mirando a la otra puerta; y después a* PEDRO, *que la espera con la mano tendida.)* aún no me han llamado. Ve tú, Pedro... Debo esperar un poco más.

PEDRO ¿Pero qué dices, Reme? ¿Esperar a qué? ¡Por favor! *(Mirándola con preocupación e impotencia.)* Venga, ya ha acabado todo… Ven con nosotros. *(Acercándose de nuevo, en un intento que sabe inútil. Le toma las manos y la mira con profunda tristeza por tener que abandonarla, y un sincero afecto en los ojos.)* Reme… ¿Sabes que, en todo este tiempo, no has llegado a decirnos realmente nada de ti?

REMEDIOS *(Siempre sonriente y cariñosa.)* ¡Reme!… ¿Esas confianzas tenemos ahora? *(Soltándose.)* Te gusta jugar con los nombres, ¿eh?… *(Acariciándole la mejilla.)* Muy bien, Pedro, no dejes de hacerlo; pero la próxima vez hazlo correctamente… Anda, ve con cuidado. *(Mandándole con un gesto que se vaya. Este finalmente lo hace, sin acertar a comprender lo que* REMEDIOS *ha querido decir, retrocediendo con lentitud hasta llegar al umbral de la puerta, que al cabo cruza. Nada más hacerlo, la puerta vuelve a cerrarse tras él y* REMEDIOS *permanece sola en escena unos segundos. Momentos después se hace el oscuro, quedado únicamente iluminada la esfera del reloj, que irradia su cegadora luz por la sala. Cuando esta por fin se apaga, la estancia vuelve a iluminarse, mostrándose con el mismo aspecto ordenado y pulcro del comienzo de la obra. Las agujas del reloj, que pueden verse de nuevo con nitidez, marcan casi las nueve.* REMEDIOS, *con absoluta serenidad y compostura, se sienta en uno de los sofás, saca el punto del bolso y retoma la labor. Al poco rato comienza a tararear su melodiosa cantilena:* «Y la vieja viaja, y la moza canta, y las Moiras bailan a su alrededor…». *No pasa mucho tiempo cuando la puerta que hay frente a ella, que ha permanecido cerrada hasta ese momento, se abre, ofreciendo un pasillo de luz que la invita a seguirlo. Levantándose con tranquilidad y parsimonia, cogiendo el bolso.)* ¡Ya voy, doctor, ya voy! Estas piernas no me dejan ir todo lo rápido que quisiera.

(Lentamente avanza hasta la puerta, que se cierra tras ella una vez la ha cruzado. La escena se queda vacía un momento. En ese instante, el reloj de la sala, que marca las nueve en punto, comienza a dar las horas con la persistente solemnidad y el preciso latido de quien no quiere llegar tarde a su cita.)

Fin.

Esta primera edición de *desde mi celda / cita a las nueve*,
de José Luis González Subías, terminó de imprimirse
en diciembre de dos mil veinticuatro,
en Madrid.